Lama Thubten Yeshe

Meditieren. Selber denken. Tief verstehen

Lama Thubten Yeshe

Meditieren. Selber denken. Tief verstehen

Aspekte buddhistischer Psychologie

Herausgeber: Dr. Nicholas Ribush

Mit einem Vorwort von Sylvia Wetzel

Aus dem Englischen übersetzt
von Marianne Buck und Kerstin Fricke

Diamant Verlag München

Titel der englischen Originale: *Becoming Your Own Therapist* (1998, 1975)
und *The Peaceful Stillness of the Silent Mind* (2004, 1975)
Erschienen bei LAMA YESHE WISDOM ARCHIVE, Weston, USA

Bibliografische Information der Deutschen Bibliothek
Die Deutsche Bibliothek verzeichnet diese Publikation in der Deutschen Nationalbibliografie; detaillierte bibliografische Daten sind im Internet über http://dnb.ddb.de abrufbar.

ISBN 978-3-9810682-7-6

2. Auflage 2017

Übersetzung: Marianne Buck (Teil 1) und Kerstin Fricke (Teil 2 und 3)
Lektorat: Sylvia Wetzel
Layout: Traudel Reiß
Umschlaggestaltung: Jörg Hoffmann
Druck: Druckerei Pohland, Augsburg

Inhalt

Vorwort zur deutschen Ausgabe

Der erste Band mit öffentlichen Vorträgen von Lama Thubten Yeshe in der Reihe »Aspekte buddhistischer Psychologie« erschien vor zwei Jahren (2007) und enthielt acht seiner Vorträge aus den Jahren 1975 bis 1982. Vier davon standen am Anfang und zwei am Ende seiner Reisen in den Westen. In diesem zweiten Band haben wir neun Vorträge zusammengefasst, die Lama Yeshe zu Beginn seiner internationalen Lehrtätigkeit im April und im Juni 1975 in Australien hielt.

In diesen Vorträgen bringt Lama Yeshe den Buddhismus auf den einen Punkt, den er in allen Vorträgen betont. Es geht ihm bei allen Lehren und Übungen immer um das Eine: sich selbst, den eigenen Geist, die eigene Psyche genau zu erforschen und die relative und absolute Natur von Herz und Geist zu entdecken. Denn nur so können wir auch andere Menschen verstehen und ihnen mit Verständnis und Freundlichkeit begegnen. Sich selbst verstehen und wertschätzen, damit wir andere verstehen und wertschätzen, das ist Sinn und Zweck des Buddhismus, Sinn und Zweck jeder Religion, so wie sie Lama Yeshe versteht.

Die Vorträge lassen auch in ihrer schriftlichen Form etwas von Lama Yeshes großer Fähigkeit ahnen, Menschen aus dem Westen die Botschaft des Buddhismus direkt und klar zu vermitteln. Er lehrte nur fünfzehn Jahre im größeren Stil, von der Gründung des Klosters Kopan in Nepal 1969 bis zu seinem frühen Tod im Alter von neunundvierzig Jahren im März 1984. In dieser kurzen Zeit ist er Tausenden überwiegend jungen Menschen auf der Suche nach dem Sinn des Lebens begegnet. Er brachte den wilden Hippies der späten sechziger, siebziger und frühen achtziger Jahre bei, mit buddhistischen

Lehren und Meditationsübungen die innere Welt der Gedanken und Gefühle, der Selbstbilder und Meinungen radikal zu überprüfen und ihr wahres Wesen, die Natur ihres Geistes zu entdecken. Neun Jahre lang (1974-1983) besuchte er jedes Jahr seine Schüler »im Westen«, und seine Lehrreisen nach Europa, Australien und Nordamerika inspirierten die aus Indien und Nepal heimgekehrten Hippies, buddhistische Zentren in ihren Heimatländern zu gründen und dort die Lehren und Übungen des Buddhismus in ihrem westlichen Alltag auszuprobieren.

Lama Yeshe wollte suchenden Menschen das Herz des Buddhismus vermitteln: die eigene Unzufriedenheit zur Kenntnis nehmen und einen Weg aus dem Leiden heraus finden. Das gelang ihm gut, und es gelang ihm schnell, denn er konnte einige wichtige Dinge: Er war gut ausgebildet im Buddhismus und liebte die Debatte, er hatte tiefe Meditationserfahrungen, sprach Englisch und konnte zuhören und Fragen stellen. Gleich nach seiner Flucht aus dem besetzten Tibet 1959 hatte er im indischen Exil angefangen, Englisch zu lernen. Und er hatte den Mut und die Fähigkeit, mit seinen anfangs nur rund dreihundert englischen Vokabeln, komplexe buddhistische Inhalte in kraftvolle Übungen zu übersetzen. Es ging ihm vor allem darum, dass die Menschen, die seinen Vorträgen zuhörten und ihm endlos Fragen stellten, »einen Fuß in die Tür kriegten«. Er konnte mit seinem »broken English« die Flamme der Inspiration im Herzen seiner Schülerinnen und Schüler entfachen und sie zur regelmäßigen Übung inspirieren. Auf diesem Boden tragen dann auch Unterweisungen über subtile Aspekte der buddhistischen Lehren Früchte.

Ich bin Lama Yeshe Ende zwanzig im Sommer 1977 in Dharamsala begegnet, und das war der Wendepunkt in meinem Leben. Wenn ich die Vorträge jetzt wieder lese, im vertrauten Englisch und in gutem Deutsch, höre ich seine Stimme. Dazu muss man ihn nicht unbedingt persönlich gekannt haben. Nicht wenigen Menschen kommt es nach der Lektüre seiner Bücher vor, als würden sie Lama Yeshe gut kennen. Auch schwarz auf weiß und in deutscher Übersetzung ist sein Wunsch nach Begegnung und Kommunikation zu spüren und seine große Wertschätzung für westliche Menschen, die ihren Weg suchen. Was seine Vorträge besonders zugänglich macht, ist sein freier Geist, mit dem er jedes Festhalten an Lehren und Übungen und Einsichten untergräbt: »Der Buddha nahm seinen Schülern das Versprechen ab, sich nicht an seine Unterweisungen oder an Verwirklichungen, an innere Freiheit, Nirvana oder Erleuchtung zu klammern … denn so zerstört ihr jede Chance, vollständige und vollkommene Erleuchtung zu erlangen.«

Ihm lag vor allem die radikale Auseinandersetzung mit eigenen Ansichten und Lebensfragen am Herzen. Ob jemand den Buddhismus auch als religiösen Weg gehen wollte, war für ihn sekundär. Seine beiden vielleicht größten Geschenke an seine Schüler im Westen sind einmal die Betonung der Entspannung bei der Umsetzung der buddhistischen Lehren und zum anderen die große Wertschätzung der Vielfalt spiritueller Wege, die Wertschätzung anderer Philosophien und Religionen.

Ursprünglich wurden die neun Vorträge in zwei getrennten Schriften auf Englisch veröffentlicht und kostenlos verteilt. Wir haben uns dazu entschlossen, auch diese beiden Schriften als »richtiges« Buch zu veröffentlichen, weil sie so einem allgemeinen Publikum leichter zugänglich sind. Wir haben die beiden Einführungen zu den englischen Fassungen auch übersetzt, weil sie den Entstehungsprozess der hier zusammengestellten Vorträge anschaulich beschreiben. Die drei Vortragszyklen mit je drei Vorträgen – sie entsprechen den drei Teilen dieses Buches – passen gut zusammen, denn sie erklären die Eckpunkte eines entspannten, sinnvollen und konstruktiven Lebens.

Im ersten Teil geht es darum, wie wir mit Hilfe analytischer Meditationen unseren eigenen Geist immer besser verstehen lernen. Lama Yeshe definiert Meditation als die radikale Untersuchung der relativen Natur des Geistes – unsere Gedanken, Gefühle und Ansichten – und der absoluten Natur des Geistes – die spiegelgleiche Klarheit jenseits dualistischer Gespaltenheit. Anhand einfacher Beispiele aus dem Alltag macht er deutlich, dass unsere existenzielle Unzufriedenheit nie durch Menschen, Dinge und Erfahrungen aufgelöst werden kann, sondern nur durch ein tiefes Verständnis unserer Ansichten, Erwartungen und Muster, und durch die direkte Einsicht in die angeborene Klarheit des Geistes.

Der zweite Teil umfasst drei zusammenhängende Vorträge an der Universität Melbourne. Da geht es Lama vor allem um die Funktion von Religion, und zwar nicht um Lehren und Glaubensvorstellungen, sondern darum, sich selbst zu verstehen und diese Einsichten konstruktiv im Alltag umzusetzen. Das hört sich einfach an, ist aber eine Lebensaufgabe, und da Menschen unterschiedlich sind, brauchen sie dafür auch unterschiedliche Methoden. Die Vielfalt der buddhistischen Richtungen und der existierenden Religionen betrachtet Lama Yeshe dabei nicht als Problem, sondern als wertvollen Schatz.

Im dritten Teil geht es in drei Vorträgen um einige Aspekte des buddhistischen Weges, um Motivation, Meditation, Gleichmut und die Übung der Großzügigkeit. Lama Yeshe fordert dazu auf, genau zu prüfen, welche Übungen zu uns passen, andere Wege und Religionen zu achten und wertzuschätzen und an keinem Weg festzuhalten, wie hilfreich er auch sein mag.

Den roten Faden der neun Vorträge bilden drei »Dinge«, die das Herz des buddhistischen Weges ausmachen: Meditieren, selber denken und tief verstehen. Diese Begriffe haben uns auch zum Titel des Buches inspiriert.

Mögen Sie zusammen mit Lama Yeshe Herz und Geist erforschen und Ihr wahres Wesen jenseits des alltäglichen Auf und Ab, jenseits der inneren Zerrissenheit entdecken und daraus leben. Lassen Sie sich anstecken von seiner großen Wertschätzung für die Vielfalt der Wege zum Erwachen. Vielleicht fällt Ihnen dann das Leben in diesen unsicheren und unüberschaubaren Zeiten leichter. Mögen Sie Kraft und Mut schöpfen aus diesen Vorträgen, Geduld und Humor, Verständnis, Freundlichkeit und Mitgefühl für sich selbst und für alle Menschen, denen sie Tag für Tag begegnen.

Sylvia Wetzel
Jütchendorf, im Frühling 2009

Hinweise zur deutschen Übersetzung

Lama Yeshe hielt diese Vorträge in einem wunderbaren »broken English«. Anfangs verstand man nicht sehr viel, aber nach zwei, drei Vorträgen hatten sich die meisten seiner jungen Zuhörer/-innen auf sein tibetisches Englisch eingestellt. Lama sprach mit dem ganzen Körper, und seine Gesten und die Mimik erleichterten das Verständnis sehr. Sein Englisch hatte er in den 1970er Jahren von seinen Hippie-Schüler/-innen aus England, Australien und den USA gelernt, und nicht vergessen sei der Einfluss des indischen Englisch, das in seinen Gastländern Indien und Nepal gesprochen wird. Sein Wortschatz war begrenzt, und seine Aussprache und Grammatik zum Teil sehr abenteuerlich, und doch vermochte er es, sehr komplexe Inhalte sehr differenziert »rüberzubringen«. Schon die englische Fassung seiner Vorträge ist eine Interpretation, und die deutsche Fassung ist wieder ein Stück Interpretation seiner Worte. Wir haben uns bemüht, den Charme und die Frische der mündlichen Rede beizubehalten, den Inhalt klar zu vermitteln, und das ganze in gutes Deutsch zu bringen. Auf einige Besonderheiten von Lama Yeshes Stil möchten wir hier besonders hinweisen.

Ego

Ego ist die englische Übersetzung des Freudschen Ich. Freuds erster englischer Übersetzer gab die drei Freudschen Zentralbegriffe »Es, Ich, Über-Ich« mit den lateinischen Begriffen »Id, Ego, Super-Ego« wieder. Leider übernahmen dann im englischen Sprachraum der 1970er Jahre zunächst die Psychologen und bald auch buddhistische Übersetzer und Autoren, die das nicht wussten, diese Begriffe. Und so wurde aus dem schlichten buddhistischen Begriff für Ich (Sanskrit atman, Pali atta, tibetisch bdag) das ominöse Ego. Der Buddha verneint eine bestimmte Art von übertriebenem Ichgefühl – eine Instanz, die Erfahrungen besitzt und kontrollieren kann, – und verwendet dafür das Alltagswort für Ich, atman, atta. Auch das tibetische bdag ist ein Alltagsbegriff für Ich und kein Fachterminus. Wir übersetzen daher, wo Lama Yeshe Ego verwendet, in der Regel mit Ich, manchmal auch mit Ichgefühl. Lediglich die umgangssprachliche Neuschöpfung Ego-Trip wurde auch im Deutschen so belassen.

Kontrolle

Der Buddhismus lehrt, dass es keine Instanz in uns gibt, kein Ich, das Erfahrungen besitzt und kontrollieren kann. Wenn Lama Yeshe das englische Wort control verwendet, bedeutet das für ihn »nicht überwältigt werden« von Gedanken und Gefühlen, weil wir uns nicht mehr mit ihnen identifizieren. Wenn wir die relative Natur des Geistes mit seinen vielen Funktionen und die letztendliche Natur des Geistes als klar und rein oder leer erkennen, sind wir wach und entspannt und lassen uns nicht mehr von Ansichten und Emotionen überwältigen. Kontrolle impliziert hier also keine Instanz, die innere Prozesse kontrollieren würde, sondern einen heilsamen, wachen und entspannten Geist, der sich nicht mehr mit wilden Gedanken und Emotionen identifiziert und daher auch nicht von ihnen überwältigt wird.

Natur des Geistes

Eigentlich müsste dieser Begriff philosophisch korrekt mit »Wesen des Geistes« übersetzt werden. Da sich in Anlehnung an das englische nature of mind die (falsche) deutsche Übersetzung »Natur des Geistes« weitgehend durchgesetzt hat, übernehmen wir diesen Begriff als Terminus.

Seelisch

Wir haben das englische psychological meist mit seelisch übersetzt, da das in der Alltagssprache immer noch üblich ist und niemand mehr damit eine ewige Seele assoziiert, sondern die inneren Prozesse im Unterschied zum sichtbaren Verhalten.

Wahre Natur

Meist wird der Begriff »wahre Natur« für die Dimension der Leerheit des Ich und der Dinge, für die letztendlich unfassbare Natur aller Erfahrungen verwendet. Lama Yeshe verwendet diesen Begriff aber auch für die speziellen Eigenschaften bedingter Zusammenhänge. So spricht er von der wahren Natur der Anhaftung und meint damit nicht ihre Leerheit von Zuschreibungen, sondern ihre spezielle Funktionsweise. Manchmal spricht er auch von den »Charakteristika der Natur« des Geistes oder der Anhaftung. Wir übersetzen das durchgängig mit »wahre Natur«, denn der jeweilige Sinn – letztendliche Natur oder bedingte Funktion – wird aus dem Kontext ersichtlich.

Wortschöpfungen, Doppelbegriffe

Lama Yeshe war sehr kreativ, was sprachliche Neuschöpfungen anging, wie Weisheitswissen und andere. Wir übernehmen sie, auch wenn das im Deutschen manchmal etwas sperrig klingt.

Weisheitswissen, knowledge-wisdom, weist auf eine Weisheit hin, die durch eigenes Untersuchen und Verstehen entsteht, also dadurch, dass wir uns »unseres eigenen Verstandes bedienen«, wie es Kant für die europäische Aufklärung mehr als zweitausend Jahre nach dem Buddha formulierte.

Teil Eins:
Buddhismus als Selbsttherapie

Einführung des Herausgebers

In dieser ersten Veröffentlichung des LAMA YESHE WISDOM ARCHIVE zollen wir unserem heiligen Guru, Lama Thubten Yeshe Rinpoche, Tribut, der das Licht des Dharma in den Westen brachte. Das tibetische yeshe bedeutet göttliche Weisheit, und in dieser Broschüre strahlen Lamas göttliche Weisheit, seine Liebe und sein Mitgefühl aus jedem Wort seiner kostbaren Lehren, und sie segnen alle, die das lesen, lindern ihr Leiden und bringen sie schnell zum Erwachen. Es ist uns eine große Freude, Lamas Weisheit mit Ihnen allen zu teilen.

Und wir nehmen für immer Zuflucht zu unserem unübertroffenen Lehrer Thubten Zopa Rinpoche, der Tausende von Menschen ins Dharma eingeführt hat und uns auf jede Art und Weise angeleitet hat, nachdem Lama Yeshe 1984 verschieden ist. Aus seiner großen Güte und seinem Mitgefühl heraus gründete er das Archiv 1996, um diese Lehren verfügbar zu machen. Wir bitten ihn, uns zu leiten bis Samsara endet.

Wir danken auch für die unglaubliche Arbeit, die Peter und Nicole Kedge und Ehrw. Ailsa Cameron in den letzten zehn Jahren in den Aufbau des Archivs gesteckt haben. Ohne ihre Hingabe und ihre Fähigkeiten wäre diese nie versiegende Quelle unendlicher Weisheit lange nicht so zugänglich. Durch ihre Bemühungen konnten und können die vom Glück begünstigten Leserinnen und Leser auf der ganzen Welt die Lehren von Lama Yeshe und Lama Zopa lesen, und sie werden in Zukunft noch viel mehr lesen können.

Lama Yeshes Vorträge sind einzigartig. Niemand hat so gelehrt wie er. Spontan, vom Herzen, im Augenblick, direkt, jedes Wort eine Anleitung für die Übung. Lama Yeshes Englisch war einzigartig.

Niemand sprach wie er. Er war sehr kreativ und redete nicht nur mit Worten sondern mit dem ganzen Körper und mit seiner Mimik. Wie kann man eine solch wunderbare Übertragung zu Papier bringen? Wie ich immer wieder betone, stellen wir uns dieser Herausforderung, so gut wir können.

Lama Yeshe hat oft darauf hingewiesen, dass seine Lehren nicht trockene, akademische, philosophische Vorträge sind, sondern praktische und bodenständige Methoden bieten, wie man nach innen schauen und den eigenen Geist verstehen kann. Lama hat uns immer dazu aufgefordert, herauszufinden, wer wir wirklich sind. In seinem unnachahmlichen provokativen Stil brachte er uns dazu, unsere Vorurteile furchtlos zu untersuchen, in der Hoffnung, dass wir dann selbst entdecken, wie alles aus dem Geist entsteht, wie wir unser eigenes Leid und Glück schaffen, und dass wir selbst die Verantwortung für das übernehmen müssen, was wir erleben, sei es gut oder schlecht.

In dieser Broschüre stellen wir drei Vorträge von Lama Yeshe über allgemeine Themen des Buddhismus vor. Diese Vorträge wurden vor mehr als zwanzig Jahren (1975) vor einem überwiegend westlichen Publikum gehalten. Und doch, wie Lama immer wieder betonte, sind die zeitlosen Lehren des Buddha heute von genau der gleichen universellen Bedeutung wie vor zweieinhalbtausend Jahren, als sie das erste Mal verkündet wurden. Wir zweifeln daher nicht daran, dass die Lehren von Lama Yeshe auch zwei Jahrzehnte später genauso global anwendbar sind wie damals in den 1970er Jahren.

Auf die Vorträge folgt in der Regel eine Frage-Antwort-Phase. Lama Yeshe und sein Publikum hatten immer große Freude an diesem lebendigen Austausch, und es wurde über alles gesprochen. Für viele war es die erste Begegnung mit einem tibetischen Lama, und sie brachten viele Fragen mit, die sie jahrelang mit sich herumgeschleppt hatten. Ganz offensichtlich ging Lama Yeshe mit großem Mitgefühl, viel Humor und Geschick darauf ein.

Auch wenn diese Vorträge »Vorlesungen« (im engeren Sinn bedeutet lecture auch Ermahnung) genannt wurden, würde Lama

Yeshe uns sicher empfehlen, sie als Spiegel für unseren Geist zu verwenden, um darin uns selbst zu entdecken, jenseits von Worten, und unser eigener Therapeut zu werden.

Ich danke Cheryl Bentsen, Rand Engel und Wendy Cook für ihre hilfreichen Vorschläge, die zur Verbesserung des Stils beitrugen, und Garrett Brown und Jennifer Martin für ihre Hilfe beim Design und bei der Produktion dieser Broschüre.

Dr. Nicholas Ribush
1998

1 *Entdecke dich selbst – mit dem Buddhismus*

Wenn wir uns mit Buddhismus beschäftigen, dann erforschen wir uns selbst, wir untersuchen die Natur unseres Geistes. Statt sich auf ein höheres Wesen zu konzentrieren, betont der Buddhismus mehr die praktischen Angelegenheiten: Wie wir unser Leben gestalten, wie wir unseren Geist ins Gleichgewicht bringen und unser tägliches Leben friedlich und gesund erhalten. Mit anderen Worten: Der Buddhismus legt mehr Wert auf erfahrbares Weisheitswissen als auf dogmatische Ansichten. Tatsächlich betrachten wir den Buddhismus nicht einmal als Religion im engeren Sinne des Wortes. Aus der Sicht der tibetischen Lamas haben die buddhistischen Lehren mehr mit Philosophie, Naturwissenschaften und Psychologie zu tun.

Der menschliche Geist sucht instinktiv nach Glück. Da gibt es keinen Unterschied zwischen Ost und West, das macht jeder gleichermaßen. Wenn euch die Suche nach Glück aber emotional nach der Welt der Sinne greifen lässt, kann das sehr gefährlich werden, weil ihr die Kontrolle darüber verliert.

Nun denkt aber nicht, dass Kontrolle nur so eine östliche Sache ist, etwas speziell Buddhistisches. Wir alle brauchen Kontrolle, besonders diejenigen, die im materialistischen Leben gefangen sind. Psychologisch oder gefühlsmäßig sind wir viel zu sehr mit Objekten der Anhaftung beschäftigt. Aus buddhistischer Sicht ist das ungesund: Euer Geist ist krank.

Eigentlich wisst ihr bereits, dass die äußere wissenschaftlich-technische Entwicklung allein weder das Verlangen noch euer Anhaften befriedigt und auch nicht eure anderen emotionalen Probleme lösen kann. Was die Lehren Buddhas euch zeigen können, ist die wahre Natur des menschlichen Potenzials, die Fähigkeiten des menschlichen Geistes. Wenn ihr euch mit Buddhismus befasst, entdeckt ihr, was ihr seid, und wie ihr euch weiterentwickeln könnt. Es geht dabei also ganz und gar nicht um ein Glaubenssystem, das sich mit Übernatürlichem befasst. Buddhistische Methoden lehren euch, ein tiefes Verständnis für euch selbst und für alle anderen Phänomene zu entwickeln. Gleichgültig, ob ihr religiös seid oder Materialisten, Gläubige oder Atheisten, es ist entscheidend, dass ihr wisst, wie eurer Geist funktioniert. Wenn ihr das nicht wisst, dann lauft ihr herum und haltet euch für gesund, und in Wirklichkeit vermehren sich die quälenden Emotionen, die wahre Ursache aller psychischen Krankheiten in euch. Deshalb braucht es nur einen winzigen äußeren Anlass, irgendetwas Unbedeutendes, das schief läuft, und innerhalb von Sekunden seid ihr völlig aus der Fassung. Das zeigt, dass euer Geist krank ist. Warum? Ihr seid besessen von der Welt der Sinne, blind vor Anhaftung, und ihr werdet von der allen Problemen zu Grunde liegenden Ursache kontrolliert.

Es nützt nichts, wenn ihr versucht, das, was ich euch sage, zu widerlegen, und mir sagt, ihr glaubt das nicht. Es ist keine Frage des Glaubens. Gleichgültig, wie oft ihr behauptet: »Ich glaube nicht, dass ich eine Nase habe«, eure Nase ist trotzdem da, genau zwischen euren Augen. Eure Nase ist immer da, gleichgültig, ob ihr es glaubt oder nicht. Ich habe viele Menschen getroffen, die stolz erklärten, dass sie nicht gläubig sind. Sie sind ausdrücklich stolz darauf, nichts zu glauben. Überprüft das, denn das müsst ihr verstehen. Heutzutage gibt es so viele Widersprüche. Die wissenschaftlichen Materialisten brüsten sich: »Ich glaube nicht«, und die religiösen Menschen sagen: »Ich glaube«. Aber unabhängig davon, was ihr denkt, müsst ihr trotzdem noch die wahre Natur eures Geistes kennenlernen. Wenn ihr das nicht tut, könnt ihr über die Fehler der Anhaftung reden, so viel ihr wollt, ihr habt trotzdem keine Ahnung, was Anhaftung wirklich ist, und wie man sie kontrollieren kann. Worte sind leicht gesagt. Was wirklich schwierig zu verstehen ist, ist die wahre Natur der Anhaftung.

Als die Menschen das erste Mal Autos und Flugzeuge konstruierten, wollten sie dadurch Dinge schneller erledigen, um mehr Zeit zum Ausruhen zu haben. Aber stattdessen wurden die Menschen so ruhelos wie nie zuvor. Überprüft euer alltägliches Leben. Aufgrund eurer Anhaftung verwickelt ihr euch gefühlsmäßig in eine konkrete Welt der Sinne, die ihr selbst geschaffen habt, und gebt euch weder Raum noch Zeit, um die Wirklichkeit eures eigenen Geistes zu erkennen. Für mich ist genau das die Definition eines schwierigen Lebens. Ihr könnt keine Befriedigung oder Freude finden. In Wahrheit kommen Vergnügen und Freude tatsächlich aus dem Geist und nicht von den äußeren Dingen.

Einige intelligente Skeptiker verstehen zu einem gewissen Grad, dass materielle Dinge keine Garantie für ein lebenswertes und freudvolles Leben bieten, und sie versuchen herauszufinden, ob es nicht etwas anderes gibt, das ihnen wahre Befriedigung bringt.

Als Buddha über das Leiden sprach, bezog er sich damit nicht einfach auf so oberflächliche Probleme wie Krankheit und Verletzungen, sondern auf die Tatsache, dass der unzufriedene Geist selbst Leiden ist. Wie viel man auch bekommt, das Verlangen nach Mehr und Besserem wird nie gestillt. Dieses nicht endende Begehren ist Leiden, sein Wesen ist emotionale Frustration.

Die buddhistische Psychologie beschreibt sechs grundlegende Emotionen, die den menschlichen Geist frustrieren, seinen Frieden stören und ihn ruhelos machen: Unwissenheit, Anhaftung, Ärger, Stolz, täuschender Zweifel und verkehrte Ansichten. Dies sind geistige Haltungen, keine äußeren Dinge. Im Buddhismus wird betont, dass Glaube und Vertrauen nicht sehr hilfreich sind, um die Verblendungen – die Wurzel allen Leidens – loszuwerden. Dazu müssen wir ihr Wesen verstehen.

Wenn ihr euren eigenen Geist nicht mit Innenschau und Weisheitswissen erforscht, werdet ihr nie sehen, was darin los ist. Ohne Überprüfung könnt ihr noch so viel über euren Geist und eure Gefühle reden, ihr werdet niemals wirklich verstehen, dass euer Grundgefühl die Selbstbezogenheit ist, und dass es genau das ist, was euch ruhelos macht.

Um eure Ichzentriertheit zu überwinden, müsst ihr nicht all euren Besitz aufgeben. Behaltet, was ihr habt, denn das ist es nicht, was euer Leben schwierig macht. Ihr seid ruhelos, weil ihr euch mit Anhaftung an euren Besitz klammert. Selbstbezogenheit und Anhaftung verunreinigen euren Geist, machen ihn unklar, unwissend und aufgeregt, und sie verhindern das Wachstum des Lichts der Weisheit. Meditation ist die Lösung für dieses Problem.

Bei der Meditation geht es nicht nur darum, einsgerichtete Konzentration zu entwickeln, in einer Ecke zu sitzen und gar nichts zu tun. Meditation ist ein wacher Zustand des Geistes, das genaue Gegenteil von Faulheit. Meditation ist Weisheit. Ihr solltet in jedem Augenblick eures täglichen Lebens wach sein, völlig bewusst dessen, was ihr tut und wie ihr es tut.

Wir machen fast alles unbewusst. Wir essen unbewusst, wir trinken unbewusst, wir sprechen unbewusst. Obwohl wir behaupten, bewusst zu sein, merken wir überhaupt nicht, wie die Geistesplagen durch unseren Geist toben und alles beeinflussen, was wir tun.

Überprüft das selbst. Experimentiert. Ich verurteile euch nicht und mache euch nicht schlecht. So funktioniert der Buddhismus. Er gibt euch Ideen, die ihr durch eure eigene Erfahrung auf ihre Richtigkeit überprüfen könnt. Das ist sehr praxisorientiert. Ich rede nicht über irgendetwas völlig Abgehobenes. Es ist eigentlich eine einfache Sache.

Wie kannst du liebevolle Zuwendung für deine Freunde, Eltern oder dein Heimatland entwickeln, wenn du die wahre Natur der Anhaftung nicht kennst? Vom buddhistischen Standpunkt aus gesehen ist das nicht möglich. Wenn du deine Eltern oder deine Freunde verletzt, dann ist dein unbewusster Geist am Werk. Wenn ein ärgerlicher Mensch seinen Ärger auslebt, vergisst er völlig, was in seinem Geist vor sich geht.

Wenn wir unbewusst sind, verletzen wir andere und behandeln sie respektlos. Wenn wir uns unseres eigenen Verhaltens und unserer geistigen Einstellung nicht bewusst sind, verlieren wir unsere Menschlichkeit. Das ist alles. So einfach ist das.

Heutzutage studieren viele Leute Psychologie und wollen Psychologen werden. Nach Buddha sollte jeder Psychologe werden. Jeder von euch sollte seinen Geist kennen, ihr solltet euer eigener Psychotherapeut werden. Das ist mit Sicherheit möglich, denn jedes menschliche Wesen hat die Möglichkeit, seinen Geist zu verstehen. Wenn ihr euren eigenen Geist versteht, entsteht Kontrolle ganz von selbst. Wie ich schon sagte: Denkt nicht, Kontrolle sei nur so ein Himalaya-Trip oder fiele den Leuten leichter, die nicht so viele Dinge besitzen. Das ist nicht notwendigerweise so. Überprüft das selbst, wenn ihr euch das nächste Mal aufregt. Entspannt euch und versucht, euch dessen bewusst zu werden, was ihr tut, statt euch mit geschäftigem Tun abzulenken. Fragt euch: »Warum mache ich das? Was ist der Grund?« Ihr werdet eine wunderbare Erfahrung machen. Euer Hauptproblem ist ein Mangel an intensivem Weisheitswissen, an Gewahrsein oder Bewusstheit. Deshalb werdet ihr entdecken, dass sich Probleme durch Verstehen viel einfacher lösen lassen.

Um liebevolle Freundlichkeit für andere zu empfinden, müsst ihr das Wesen des Objektes kennen. Wenn das nicht der Fall ist, selbst wenn ihr sagt: »Ich liebe sie. Ich liebe ihn«, bringt euch euer arroganter Geist nur auf einen weiteren Ego-Trip. Stellt sicher, dass ihr wisst, wie und warum ihr handelt. Es ist sehr wichtig, dass ihr euer eigener Psychotherapeut werdet. Dann könnt ihr euch durch die verstehende Weisheit eures eigenen Geistes selbst behandeln. Ihr lernt, euch mit euren Freunden und mit eurem Besitz zu entspannen und sie zu genießen, statt rastlos und blindwütig tobend euer Leben zu verschwenden.

Damit ihr euer eigener Psychotherapeut werden könnt, müsst ihr keine komplizierte Philosophie studieren. Ihr müsst nur jeden Tag euren Geist überprüfen. Ihr überprüft zwar jeden Tag materielle Dinge und kontrolliert jeden Morgen die Lebensmittel in eurer Küche, aber euren Geist untersucht ihr nie. Dabei ist das sehr viel wichtiger.

Trotz alledem scheinen die meisten Menschen das Gegenteil zu glauben. Sie scheinen zu glauben, sie könnten die Lösung zu jedem

Problem, das sie haben, kaufen. Die materialistische Einstellung, dass man mit Geld alles kaufen kann, um glücklich zu sein, dass man einen friedvollen Geist kaufen kann, führt offensichtlich nicht zum Erfolg. Obwohl ihr es nicht in solchen Worten ausdrückt, ist es das, was ihr denkt. Das ist eine völlig falsche Auffassung.

Auch Leute, die sich für religiös halten, müssen ihren eigenen Geist verstehen. Glaube oder Vertrauen allein beseitigt nie Probleme, verstehendes Weisheitswissen bewirkt das immer. Buddha selbst hat gesagt, dass der Glaube an Buddha gefährlich ist, dass die Leute, statt nur an etwas zu glauben, ihren Geist dazu benutzen sollten, etwas über ihre wahre Natur herauszufinden. Glaube, der auf Verstehen aufbaut, ist in Ordnung. Wenn man etwas erkennt oder sich intellektuell über etwas im Klaren ist, folgt der Glaube automatisch, aber wenn euer Glaube auf einem Missverständnis aufbaut, kann er leicht durch das, was andere behaupten, zerstört werden.

Obwohl sie sich für religiös halten, sind viele spirituell eingestellte Menschen leider schwach. Warum? Weil sie das wahre Wesen ihres Geistes nicht verstehen. Wenn ihr wirklich wisst, was euer Geist ist, und wie er funktioniert, dann werdet ihr verstehen, dass es nur geistige Energie ist, die euch davon abhält, gesund zu sein. Wenn ihr versteht, wie euer Geist die Welt sieht oder wahrnimmt, erkennt ihr, dass ihr nicht nur unaufhörlich nach der Welt der Sinne greift, sondern dass ihr euch auch das, wonach ihr greift, nur einbildet.

Ihr werdet feststellen, dass ihr viel zu sehr mit dem beschäftigt seid, was in einer nicht-existierenden Zukunft passieren wird, dass ihr euch des gegenwärtigen Moments ganz und gar nicht bewusst seid, weil ihr für eine bloße Projektion lebt. Stimmt es etwa nicht, dass ein Geist, der in der Gegenwart unbewusst ist und ständig nach der Zukunft greift, nicht gesund ist?

Es ist wichtig, dass wir in unserem täglichen Leben bewusst sind. Das Wesen von Bewusstheit und Weisheit ist Friede und Freude. Ihr braucht euch nicht an eine in Zukunft entstehende Freude zu klammern. Solange ihr dem Pfad des richtigen Verstehens und der richtigen Handlung folgt, so gut ihr könnt, wird die Wirkung sofort eintreffen, gleichzeitig mit der Tat. Ihr müsst nicht denken: »Wenn ich mein Leben mit rechtem Handeln verbringe, geht es mir vielleicht im nächsten Leben gut.« Ihr braucht euch nicht um künftige Verwirklichungen zu sorgen. Solange ihr in der Gegenwart so umsichtig wie möglich handelt, werdet ihr in kürzester Zeit immerwährenden Frieden verwirklichen.

Ich denke, das ist von meiner Seite aus genug. Es ist besser, wir haben noch Zeit für Fragen und Antworten, ich brauche nicht ständig zu reden. Vielen Dank.

Fragen

Frage: Als Sie über Meditation sprachen, haben Sie Visualisierungen nicht erwähnt. Es scheint, dass es für einige Menschen relativ einfach ist, zu visualisieren, während andere es recht schwierig finden. Wie wichtig ist es, die Fähigkeit zu entwickeln, Dinge im Geist zu visualisieren?

Lama: Viele Menschen haben Schwierigkeiten, etwas zu visualisieren, das man ihnen beschreibt, weil sie das nicht geübt haben. Andere haben wenig Vorstellungskraft, sie sind zu körperlich. Vielleicht denken sie, dass ihr materieller Körper alles ist, was sie sind, und dass es außer ihrem Gehirn keinen Geist gibt. Es gibt jedoch im Buddhismus Methoden, mit denen man seinen Geist üben und so die Fähigkeit entwickeln kann, in der Meditation zu visualisieren.

Aber in Wirklichkeit visualisiert ihr den ganzen Tag über. Das Frühstück, das ihr am Morgen esst, ist eine Visualisierung. Wenn ihr einkaufen geht und denkt: »Das ist nett«, oder: »Das mag ich nicht«, alles, was ihr euch anschaut, ist eine Projektion eures Geistes. Wenn ihr morgens aufsteht, die Sonne scheinen seht und denkt: »Oh, das wird ein schöner Tag«, dann ist das euer Geist, der visualisiert. In der Tat ist Visualisierung ganz gut erforscht worden. Selbst Geschäftsleute und Werbeagenturen wissen, wie wichtig Visualisierung ist, sie gestalten Auslagen oder Reklamewände, um unsere Aufmerksamkeit zu erregen: »Kaufen Sie das!« Sie wissen, dass die Dinge, die ihr seht, euren Geist und eure Visualisierung beeinflussen. Visualisieren ist nichts Übernatürliches. Es ist wissenschaftlich fassbar.

Frage: Wenn ich Sie sprechen höre, habe ich den Eindruck, dass Sie dem Westen irgendwie kritisch gegenüberstehen, dass Sie über das, was wir tun, lachen, und über die Art, wie wir versuchen, die »unzivilisierten« Menschen zu zivilisieren. Ich habe nicht wirklich eine Frage, aber wie sehen Sie die Zukunft für die Menschheit in Bezug auf das, was der so genannte fortschrittliche Westen entwickelt: größere Flugzeuge, größere Häuser, größere Supermärkte? Welche Zukunft sehen Sie für den Westen?
Lama: Ich sehe, dass die Menschen im Westen immer geschäftiger und immer rastloser werden. Ich kritisiere nicht die materielle oder technologische Entwicklung als solche, sondern eher den unkonzentrierten Geist. Weil ihr nicht wisst, wer oder was ihr seid, verbringt ihr euer Leben mit blindem Greifen nach dem, was ich »Supermarkt-Gutheit« nenne. Ihr bringt Unruhe in euer Leben und werdet rastlos. Statt euer Leben zu vervollkommnen, zersplittert ihr es. Überprüft das für euch selbst. Ich schaue nicht auf euch herab. In der Tat erlaubt es der Buddhismus nicht, dogmatisch auf die Lebensweise eines anderen herabzusehen. Ich will euch nur vorschlagen, in Erwägung zu ziehen, die Dinge auf eine andere Weise zu betrachten.

Frage: Lama, wie Sie selbst sind die meisten tibetischen Lehrer, die wir sehen, Männer. Ich frage mich, ob es auch weibliche Rinpoches oder Tulkus gibt?
Lama: Ja natürlich. Männer und Frauen sind völlig gleich, wenn es darum geht, höhere Geisteszustände zu entwickeln. In Tibet erhalten Mönche manchmal Belehrungen von weiblichen Rinpoches. Der Buddhismus lehrt, dass man Menschen nicht nach dem Äußeren beurteilen kann. Man kann nicht sagen: »Er ist ein Niemand, und ich bin etwas Besonderes.« Man kann von der äußeren Erscheinung niemals wirklich darauf schließen, wer höher oder niedriger steht.

Frage: Ist die Rolle einer buddhistischen Nonne sehr verschieden von der eines Mönches?
Lama: Nicht wirklich. Sie studieren dieselben Dinge und lehren ihre Schüler auf die gleiche Weise.

Frage: Es ist manchmal schwierig, einen Lehrer zu finden. Ist es zum Beispiel gefährlich, Tantra ohne einen Lehrer zu üben, nur mit Hilfe von Büchern?
Lama: Ja, das ist sehr gefährlich. Ohne spezielle Anweisungen kann man nicht einfach ein Buch über Tantra zur Hand nehmen und denken: »Das sind ja fantastische Ideen, das möchte ich sofort ausprobieren.« Diese Art von Einstellung bringt nie Verwirklichungen. Man braucht die Anleitung eines erfahrenen Lehrers. Sicherlich sind die Ideen fantastisch, aber wenn man die Methoden nicht kennt, kann man sie nicht in Erfahrung umsetzen, denn man braucht den Schlüssel dazu. Viele buddhistische Bücher sind ins Englische (und Deutsche) übersetzt worden. Sie sagen euch: »Anhaftung ist schlecht. Ärgere dich nicht.« Aber wie gibt man dann tatsächlich Anhaftung und Ärger auf? Auch die Bibel empfiehlt universelle Liebe, aber wie wird die universelle Liebe zur eigenen Erfahrung? Man braucht den Schlüssel dazu, und manchmal kann uns den nur ein Lehrer geben.

Frage: Was sollten Menschen im Westen tun, wenn sie keinen Lehrer finden? Sollten die, die wirklich suchen, nach Asien gehen, um einen zu finden?
Lama: Mach dir keine Sorgen. Wenn die Zeit reif ist, wirst du deinen Lehrer finden. Der Buddhismus glaubt nicht, dass man andere Menschen zu etwas drängen kann: »Jeder sollte lernen zu meditieren. Jeder sollte Buddhist werden.« Das ist dumm. Leute zu etwas zu drängen, ist unklug. Wenn du bereit bist, wird dich eine Art magnetische Energie mit deinem Lehrer zusammenbringen. Ob du nach Asien gehen sollst, hängt von deiner persönlichen Situation ab. Überprüfe das. Am wichtigsten ist es, mit Weisheit zu suchen und nicht mit

blindem Vertrauen. Manchmal findet man selbst in Asien keinen Lehrer. Es braucht Zeit.

Frage: Was ist die Einstellung des Buddhismus zum Selbstmord?
Lama: Menschen, die sich das Leben nehmen, verstehen den Zweck oder Wert des menschlichen Daseins nicht. Sie töten sich aus Unwissenheit. Sie finden keine Befriedigung, und dann denken sie: »Ich bin hoffnungslos.«

Frage: Wenn ein Mensch – vielleicht aus Unwissenheit – glaubt, er hätte Erleuchtung erlangt, was hat sein Weiterleben dann für einen Zweck?
Lama: Ein unwissender Mensch, der denkt, er sei erleuchtet, ist geistig völlig verblendet und vermehrt einfach nur die Unwissenheit, die er schon hat. Er muss lediglich die Handlungen seines unkontrollierten Geistes überprüfen, dann wird er erkennen, dass er nicht erleuchtet ist. Man braucht auch andere nicht zu fragen: »Bin ich erleuchtet?« Überprüft nur eure eigenen Erfahrungen. Erleuchtung ist eine höchst persönliche Angelegenheit.

Frage: Ich finde es gut, dass Sie das Verstehen für wichtiger halten als den Glauben. Aber was ich schwierig finde ist: Wie kann jemand, der im Westen aufgewachsen ist oder eine wissenschaftliche Ausbildung hat, das Konzept der Reinkarnation verstehen – vergangene, gegenwärtige und zukünftige Leben? Wie können Sie beweisen, dass es diese gibt?
Lama: Wenn man die Kontinuität des eigenen Geistes erkennt, von der Zeit an, als man ein winziger Embryo im Schoß der Mutter war, bis zum gegenwärtigen Zeitpunkt, dann kann man das verstehen. Die Kontinuität eurer geistigen Energie ist ein bisschen wie der Fluss der Elektrizität, der von einem Generator durch die Leitung fließt und die Lampe zum Leuchten bringt. Vom Moment der Befruchtung an, wenn sich der Körper entwickelt, zirkuliert ständig geistige Energie durch ihn, und diese verändert sich ständig. Wenn ihr das

versteht, könnt ihr auch die frühere Kontinuität eures Geistes leichter verstehen. Ich betone es immer wieder: Es ist nie nur eine Frage des Glaubens. Natürlich ist es anfangs schwer, die Vorstellung von Reinkarnation zu akzeptieren, weil das heutzutage für die meisten Menschen eine sehr neue Vorstellung ist, besonders für die, die im Westen aufgewachsen sind. Die Kontinuität des Bewusstseins wird nicht in der Schule gelehrt, ihr studiert auf der Hochschule nicht das Wesen des Geistes, wer ihr seid und was ihr seid. Deswegen ist das für euch alles sehr neu. Aber wenn ihr denkt, dass es wichtig ist zu wissen, wer und was ihr seid, und ihr erforscht euren Geist durch Meditation, dann werdet ihr den Unterschied zwischen eurem Körper und eurem Geist verstehen. Ihr werdet die Kontinuität eures eigenen Bewusstseins erkennen, und dann könnt ihr auch eure früheren Leben erkennen. Es ist nicht notwendig, bloß an Reinkarnation zu glauben.

Frage: Können Sie bitte die Beziehung erklären zwischen Meditation, Erleuchtung und übersinnlichen geistigen Kräften wie »in die Zukunft sehen«, die Gedanken anderer Menschen lesen, sehen, was an einem weit entfernten Ort vor sich geht?
Lama: Es ist sicherlich möglich, durch die Entwicklung einsgerichteter Konzentration Hellsichtigkeit zu erreichen, aber das ist ein langer Weg. Wenn man nach und nach den eigenen Geist besser versteht, lernt man allmählich, solche Dinge zu sehen. Es ist nicht so, dass man nur einmal zu meditieren braucht, und plötzlich kann man in die Zukunft sehen oder wird erleuchtet. Das braucht Zeit.

Frage: Wenn man meditiert und auf die Erleuchtung hinarbeitet, entstehen diese Fähigkeiten kontrolliert oder kommen sie ganz plötzlich, ohne jede Kontrolle?
Lama: Echte Kräfte kommen kontrolliert. Das sind keine unkontrollierten emotionalen Halluzinationen, wie man sie mit Drogen erlebt. Auch bevor man Erleuchtung erlangt, kann man Einblick in seine früheren und späteren Leben bekommen und die Gedanken anderer

Menschen lesen, aber das erreicht man nur durch die kontrollierte und allmähliche Entwicklung von Weisheit.

Frage: Haben Sie die Fähigkeit, Ihren Geist von Ihrem Körper zu trennen und auf Astralreisen zu gehen oder derlei Dinge zu tun?
Lama: Nein.

Frage: Hat Seine Heiligkeit der Dalai Lama diese Fähigkeiten?
Lama: Sicherlich gibt es im tibetischen Buddhismus des Großen Fahrzeugs eine ununterbrochene mündliche Tradition von Lehren über die Entwicklung von übersinnlichen Kräften, die seit der Zeit des Buddha bis heute von verwirklichten Lehrern an ihre Schüler weitergegeben werden. Aber auch wenn solche Lehren existieren, bedeutet das nicht, dass ich sie verwirklicht habe. Außerdem verbietet der tibetische Buddhismus jedem Lehrer, der solche Verwirklichungen besitzt, sie bekannt zu geben. Selbst wenn man die Erleuchtung erlangt hat, ist es nicht erlaubt, umherzugehen und jedem zu erzählen, dass man ein Buddha ist, es sei denn, es gibt gute Gründe dafür. Seid vorsichtig. Unser System ist anders als eures. Im Westen hört man Leute sagen: »Letzte Nacht hat Gott in meinen Träumen zu mir gesprochen.« Wir denken, dass es gefährlich sein kann, wenn man Einzelheiten über seine mystischen Erfahrungen herumposaunt, und deshalb erlauben wir das nicht.

Frage: Vor einigen Jahren habe ich ein Buch mit dem Titel »Das dritte Auge« gelesen über einen Mann, der außergewöhnliche Kräfte hatte. Gibt es viele Menschen, deren drittes Auge geöffnet wurde.
Lama: Was Lobsang Rampa, der Autor dieses Buches, schreibt, beruht auf einem Missverständnis, weil er etwas wortwörtlich genommen hat. Das dritte Auge ist nichts Körperliches, sondern eher eine Metapher für Weisheit. Dein drittes Auge ist das, was hinter die gewöhnlichen Sinneswahrnehmungen schaut und die Natur deines Geistes erkennt.

Frage: Da Buddhismus an Wiedergeburt glaubt, können Sie mir sagen, welche Zeiträume zwischen den Leben liegen?
Lama: Der Zeitraum kann zwischen ein paar Momenten und sieben Wochen betragen. In dem Moment, in dem sich das Bewusstsein vom Körper trennt, wartet schon der subtile Körper des Zwischenzustands. Getrieben von der Macht des Verlangens nach einem anderen materiellen Körper, sucht das Zwischenbereichswesen nach einer angemessenen Form, und wenn es die findet, wird es wiedergeboren.

Frage: Wie erklärt der Buddhismus die Bevölkerungsexplosion? Wenn man an Wiedergeburt glaubt, wie kommt es dann, dass die Bevölkerung ständig zunimmt?
Lama: Das ist ganz einfach. Wie die modernen Naturwissenschaften nimmt auch der Buddhismus die Existenz von Abermillionen von Galaxien an. Das Bewusstsein eines Menschen, der auf der Erde geboren wird, kann von einer fernen Galaxie kommen, angezogen von der Kraft des Karma, die die geistige Energie dieser Person mit diesem Planeten verbindet. Andererseits kann das Bewusstsein eines Menschen, der auf der Erde stirbt, zum Zeitpunkt des Todes karmisch zu einer Wiedergeburt in einer weit entfernten Galaxie geführt werden. Wenn mehr Geistesströme zur Erde hingezogen werden, dann wächst die Bevölkerung, wenn es weniger sind, geht sie zurück. Das bedeutet nicht, dass Geistesströme neu anfangen zu existieren. Jeder Geistesstrom, der hier auf der Erde wiedergeboren wird, kommt aus einem früheren Leben, vielleicht von einer anderen Galaxie, vielleicht von der Erde, aber nicht von nirgendwo, und zwar in Übereinstimmung mit der zyklischen Beschaffenheit der weltlichen Existenz.

Frage: Ist die buddhistische Meditation besser als irgendeine andere Form der Meditation, oder ist es einfach so, dass für unterschiedliche Menschen unterschiedliche Formen der Meditation passen?
Lama: Ich kann nicht sagen, dass die buddhistische Meditation bes-

ser ist als die der anderen Religionen. Das hängt alles vom Einzelnen ab.

Frage: Wenn jemand schon eine Form von Meditation übt, zum Beispiel transzendentale Meditation, gibt es da Gründe, auch die buddhistische Meditation zu versuchen?
Lama: Nicht notwendigerweise. Wenn du findest, dass deine Meditationsübung deinen Geist völlig erweckt und dir immerwährenden Frieden und Zufriedenheit bringt, warum solltest du dann etwas anderes ausprobieren? Aber wenn dein Geist trotz deiner Übung verunreinigt bleibt, und deine Handlungen immer noch unkontrolliert sind, und du ständig andere instinktiv verletzt, dann hast du, denke ich, noch einen langen Weg vor dir, mein Lieber. Es ist eine sehr persönliche Sache.

Frage: Kann ein Bodhisattva Marxist sein, um soziale Harmonie zu schaffen? Gibt es im Marxismus Raum für einen Bodhisattva? Könnte der Marxismus ein Werkzeug für einen Bodhisattva sein, um das Leiden aller Lebewesen zu tilgen?
Lama: Es ist sehr schwierig für jemanden wie mich, sich über die Handlungen eines Bodhisattva zu äußern, aber ich bezweifle, dass ein Bodhisattva Kommunist werden würde, um die sozialen Probleme zu beseitigen. Probleme existieren im Geist von Individuen. Du musst deine Probleme lösen, gleichgültig in welcher Art von Gesellschaft du lebst, sei sie sozialistisch, kommunistisch oder kapitalistisch. Du musst deinen Geist überprüfen. Dein Problem ist nicht das Problem der Gesellschaft, und es ist nicht mein Problem. Du bist verantwortlich für deine Probleme, so wie du auch verantwortlich bist für deine Befreiung oder Erleuchtung.

Sonst könntest du sagen: »Supermärkte helfen den Leuten, weil sie dort das kaufen können, was sie brauchen. Wenn ich in einem Supermarkt arbeite, dann tue ich wirklich etwas für die Gesellschaft.« Wenn du das dann eine Weile gemacht hast, sagst du: »Vielleicht sind Supermärkte doch nicht ganz so hilfreich. Ich könnte für die anderen nützlicher sein, wenn ich in einem Büro arbeiten würde.« Keines dieser Dinge löst die sozialen Probleme. Aber zuerst solltest du nachforschen, woher du die Idee hast, dass ein Bodhisattva allen Lebewesen helfen könnte, indem er Kommunist wird.

Frage: Ich dachte, dass auf der Welt heutzutage viele Menschen hungern und ihre Grundbedürfnisse nicht befriedigen können und dass es schwer für sie ist, die subtilen Aspekte der Phänomene, wie zum Beispiel die Natur ihres Geistes, zu begreifen, während sie hungern und sich um ihre Sicherheit und den Schutz ihrer Familie kümmern müssen.
Lama: Ja, ich verstehe, was du damit sagen willst. Aber vergiss nicht, dass die hungernde Person, die mit ihrem Hunger beschäftigt ist, und die übergewichtige Person, die besessen ist von der Frage, was sie noch im Supermarkt kaufen soll, im Grunde gleich sind. Konzentriere dich nicht nur auf die, die materiell benachteiligt sind. In ihrem Geist sind Reiche und Arme gleichermaßen gestört, und grundsätzlich ist der eine genauso unglücklich wie der andere.

Frage: Krishna hat Indien in einem spirituellen Krieg, in einem Dharma-Krieg, vereinigt, und in der Folge konnten sich alle Völker Indiens in jener Zeit in spiritueller Praxis üben. Können wir nicht jetzt das Dharma unter allen Menschen auf der Erde verbreiten und durch eine Art spirituellen Sozialismus eine bessere globale Gesellschaft errichten?
Lama: Erstens denke ich, dass das, was du sagst, potenziell sehr gefährlich ist. Nur wenige Menschen verstehen, wovon du redest. Allgemein betrachtet, kann man nicht sagen, dass Handlungen (wie ein Krieg), die anderen Lebewesen Schaden bringen, Handlungen eines Bodhisattva sind. Buddhismus verbietet dir, andere Lebewesen zu töten, selbst aus vermeintlich religiösen Gründen. Im Buddhismus gibt es keinen »Heiligen Krieg«. Das musst du verstehen. Und zweitens ist es unmöglich, durch Zwang alle Wesen auf dieser Erde gleich zu machen. Bevor du nicht den Geist sämtlicher Wesen des

gesamten Universums völlig verstanden und Selbstbezogenheit und Anhaftung aufgegeben hast, wirst du nie alle lebenden Wesen einen. Das ist unmöglich.

Frage: Ich meine damit nicht, alle Menschen gleich zu machen, denn es ist offensichtlich, dass es unterschiedliche geistige Ebenen gibt. Aber wir könnten eine universale menschliche Gesellschaft auf der Basis einer sozialistischen Wirtschaftstheorie errichten.
Lama: Ich denke, du solltest dir darüber keine Sorgen machen. Es wäre besser, du würdest dich um die Gesellschaft in deinem Geist kümmern. Das ist wertvoller und realistischer, als alle möglichen Projektionen darüber zu entwickeln, was in der Welt um dich herum vor sich geht.

Frage: Aber ist es nicht eine spirituelle Übung, ein Gleichgewicht herzustellen zwischen der eigenen Selbstverwirklichung und dem Dienst an der Menschheit?
Lama: Ja, du kannst der Gesellschaft dienen, aber du kannst nicht auf einmal die Handlungen aller Lebewesen gleich machen. Ein Buddha möchte sehr gern, dass alle Lebewesen augenblicklich erleuchtet werden, aber unser negatives Karma ist zu stark, und so bleiben wir ungezähmt. Du kannst nicht einfach den Zauberstab schwingen und wünschen: »Ich möchte alle gleichermaßen glücklich machen«, und erwarten, dass das auch so geschieht. Sei weise. Nur ein weiser Geist kann Gleichheit und Frieden schenken. Das schaffst du nicht mit emotional geladenen Ideen. Und du musst wissen, dass sich die kommunistischen Vorstellungen über die Gleichstellung von Lebewesen sehr von den Ideen Buddhas unterscheiden. Du kannst solche unterschiedlichen Vorstellungen nicht miteinander vermischen. Fantasiere nicht herum, sei realistisch.

Frage: Heißt das, dass es unmöglich ist, auf diesem Planeten eine gemeinsame spirituelle Gesellschaft zu schaffen?
Lama: Selbst wenn das ginge, würde es die Probleme der Menschen

nicht lösen. Selbst wenn man alle Bewohner des gesamten Universums in einer einzigen Gesellschaft zusammenschließen würde, gäbe es immer noch Anhaftung, es gäbe immer noch Ärger, es gäbe immer noch Hunger. Die Probleme liegen beim einzelnen Individuum. Die Menschen sind nicht alle gleich, jeder ist anders. Jeder von uns braucht eine andere Methode, zugeschnitten auf die individuelle psychologische Disposition, Geisteshaltung und Persönlichkeit. Jeder von uns braucht eine andere Herangehensweise, um Erleuchtung zu erlangen. Deshalb akzeptiert der Buddhismus die Existenz von anderen Religionen und Philosophien völlig. Wir erkennen, dass sie alle für die menschliche Entwicklung nötig sind. Man kann nicht sagen, dass nur eine einzige Art zu denken für alle das Richtige ist. Das wäre dogmatisch.

Frage: Was halten Sie von bewusstseinserweiternden Drogen? Kann man unter dem Einfluss von Drogen den Bardozustand erfahren?
Lama: Ja, das ist möglich. Du nimmst eine Überdosis, und dann wirst du sehr bald den Bardozustand erfahren. Nein, ich mache nur einen Scherz. Es ist nicht möglich, durch die Einnahme von Drogen den Bardozustand zu erfahren.

Frage: Können Sie die Aura der Menschen sehen?
Lama: Nein, aber jeder hat eine Aura. Aura bedeutet Schwingung. Jeder von uns hat eine eigene geistige und körperliche Schwingung. Wenn man psychisch aufgewühlt ist, verändert sich die äußere Umgebung auf sichtbare Weise. Jeder geht da durch. Wie die westlichen Wissenschaften und der Buddhismus bestätigen, hat jeder materielle Körper seine eigene Schwingung. So beeinflusst der Geisteszustand des Menschen die Schwingungen seines Körpers, und diese Veränderungen werden in der Aura der Person sichtbar. Um das tiefer zu verstehen, muss man seinen eigenen Geist verstehen. Lernt als erstes eure Gedanken lesen, dann könnt ihr auch die Gedanken von anderen lesen.

Frage: Wie beseitigt Meditation emotionale Blockaden?
Lama: Es gibt viele verschiedene Wege. Ein Weg ist das Verständnis der Natur deiner Emotionen. Auf diese Weise wird dein Gefühl in Weisheitswissen verwandelt. Deine Emotionen durch Weisheit umzuwandeln, lohnt sich wirklich.

Vielen Dank und ich wünsche euch eine gute Nacht; ich danke euch allen.

Auckland, Neuseeland, 7.Juni 1975

2 *Religion: Ein Weg der Selbsterforschung*

Die Menschen haben viele unterschiedliche Vorstellungen vom Wesen der Religion im Allgemeinen und vom Buddhismus im Besonderen. Wer Religion und Buddhismus nur auf der oberflächlichen, intellektuellen Ebene betrachtet, versteht die wahre Bedeutung von beiden nicht. Und die, deren Ansichten über Religion noch oberflächlicher sind, werden Buddhismus gar nicht zu den Religionen rechnen.

Zunächst einmal sind wir Buddhisten nicht so sehr daran interessiert, über den Buddha selbst zu sprechen. Er selbst war das auch nicht. Er wollte nicht, dass die Leute an ihn glauben, und deshalb werden bis heute die Anhänger des Buddhismus nie ermutigt, nur an Buddha zu glauben. Wir waren immer mehr daran interessiert, die menschliche Psyche zu verstehen, die Natur des Geistes. Deshalb bemühen sich praktizierende Buddhisten immer darum, ihre eigenen Einstellungen, Konzepte und Wahrnehmungen und ihr Bewusstsein zu verstehen. Das sind die Dinge, auf die es wirklich ankommt.

Wenn ihr euch selbst und eure Verblendungen vergesst und euch stattdessen auf ein paar abgehobene Ideen konzentriert, wie die Frage: »Was ist Buddha?«, ist eure spirituelle Reise bloß ein Traum, eine Halluzination. Das kommt vor, seid also vorsichtig! In eurem Geist gibt es dann keine Verbindung zwischen Buddha oder Gott und euch selbst. Das sind dann zwei völlig getrennte Dinge: Ihr seid dann nur hier unten, und Buddha und Gott sind nur da oben, und dann gibt es keine wie auch immer geartete Verbindung. Solche Gedanken sind nicht realistisch. Das ist zu extrem. Ihr stellt das eine an das untere extreme Ende und das andere an das obere. Im Buddhismus nennt man diese Art von Geist dualistisch.

Wenn die Menschen von Natur aus völlig negativ wären, wäre es dann sinnvoll, nach Höherem zu streben? Wie dem auch sei, Vorstellungen sind keine Erkenntnisse. Die Leute wollen immer alles über die höchste Weisheit oder über das Wesen Gottes wissen, aber diese Art von intellektuellem Wissen hat nichts zu tun mit ihrem Leben oder mit ihrem Geist. Wahre Religion sollte das Streben nach Selbsterkenntnis sein und nicht eine Übung in der Ansammlung von Fakten.

Im Buddhismus interessieren wir uns nicht besonders für bloß intellektuelles Wissen. Wir wollen lieber verstehen, was hier und jetzt geschieht, wir wollen unsere gegenwärtigen Erfahrungen, das, was wir in diesem Augenblick sind, und unsere grundlegende Natur verstehen. Wir wollen wissen, wie wir Zufriedenheit, Glück und Freude finden können, statt Depression und Elend, und wie wir das Gefühl überwinden können, dass unser Wesen völlig negativ ist. Buddha selbst hat gelehrt, dass die menschliche Natur grundlegend rein ist, ohne ein Ich, so wie der Himmel von Natur aus klar ist, ohne Wolken. Die Wolken kommen und gehen, aber der Himmel ist immer da, die Wolken verändern das grundlegende Wesen des Himmels nicht. Genauso ist der menschliche Geist grundlegend rein, nicht eins mit dem Ich. Ob man religiös ist oder nicht, man ist völlig auf dem falschen Weg, wenn man sich nicht von seinem Ich trennen kann. Wir haben eine völlig unrealistische Lebensphilosophie entwickelt, die nicht das Geringste mit der Wirklichkeit zu tun hat.

Statt an intellektuellem Wissen zu hängen, statt wissen zu wollen, was das Allerhöchste ist, sollten wir eher versuchen, die grundlegende Natur des eigenen Geistes zu verstehen, und wie man mit ihm genau in diesem Moment umgeht. Es ist so wichtig, dass wir erkennen, wie man wirksam handelt. Die Methode ist der Schlüssel zu jeder Religion, das Wichtigste, das man lernen muss.

Nehmen wir mal an, ihr hört von einem erstaunlichen Schatzhaus voller Juwelen, die ihr mitnehmen dürft, aber ihr habt keinen Schlüssel für die Tür. Alle Fantasien darüber, wie ihr den neu gefundenen Reichtum ausgeben wollt, sind bloße Halluzinationen. So ähnlich ist es, wenn ihr über wundervolle religiöse Vorstellungen und Höhenflüge fantasiert, aber kein Interesse an den unmittelbaren Handlungen habt oder an den Methoden, durch die man sie erreichen kann. Das ist völlig unrealistisch. Wenn ihr keine Methode habt, keinen Schlüssel, keinen Weg, um die Religion in euren Alltag zu bringen, dann seid ihr besser dran mit Coca Cola, denn das löscht zumindest euren Durst. Wenn eure Religion einfach nur eine Vorstellung ist, dann hat das so wenig Hand und Fuß wie die Luft. Ihr müsst sehr sorgfältig sein, damit ihr genau versteht, was Religion ist, und wie man sie ausüben sollte.

Der Buddha selbst hat gesagt: »Glaube ist nicht wichtig. Glaubt nicht, was ich sage, nur weil ich es gesagt habe.« Das waren seine letzten Worte, bevor er starb. Er sagte sinngemäß: »Ich habe viele unterschiedliche Methoden gelehrt, weil es viele unterschiedliche Individuen gibt. Bevor ihr irgendeine davon übernehmt, benutzt eure Weisheit und prüft, ob sie zu eurem psychologischen Make-up, zu eurem eigenen Geist passt. Wenn ihr meine Methoden für sinnvoll haltet, und sie auch wirken, dann übernehmt sie auf jeden Fall. Aber wenn ihr nichts damit anfangen könnt, dann lasst sie sein, selbst wenn sie sich wunderbar anhören. Sie wurden für jemand anderen gelehrt.«

Heutzutage kann man den meisten Menschen nicht einfach sagen, sie sollen etwas glauben, nur weil Buddha oder Gott es so gesagt hat. Das reicht ihnen nicht. Sie lehnen das ab und wollen Beweise sehen. Aber wer nicht versteht, dass die Natur des Geistes rein ist, kann seine innewohnende Reinheit auch nicht entdecken und verpasst so seine Chance. Wer seinen Geist für grundlegend negativ hält, verliert vermutlich jede Hoffnung.

Natürlich hat der menschliche Geist positive und negative Seiten. Aber die negative Seite ist nicht von Dauer, sie ist unbeständig. Das Auf und Ab eurer Gefühle ist wie Wolken am Himmel, hinter ihnen ist die wirkliche, die grundlegende menschliche Natur klar und rein.

Viele Menschen verstehen den Buddhismus falsch. Selbst manche Professoren für Buddhismus schauen nur auf die Worte und interpretieren die Lehrreden des Buddha wortwörtlich. Sie verstehen seine Methoden nicht; die Methoden sind aber die Essenz seiner Lehren.

Meiner Meinung nach sind die Methoden, wie man die Religion in die eigene Erfahrung bringt, der allerwichtigste Aspekt jeder Religion. Je besser ihr versteht, wie man das macht, desto effektiver wird eure Religion. Eure Übung wird so natürlich, so realistisch, ihr werdet ganz leicht euer Wesen verstehen, euren Geist. Und dann kann euch nichts mehr überraschen, was auch immer ihr darin findet. Wenn ihr die Natur eures Geistes versteht, könnt ihr ihn ganz natürlich kontrollieren, und ihr müsst euch dafür nicht mehr so sehr anstrengen, denn Verstehen bringt eine ganz natürliche Art von Kontrolle mit sich.

Viele Menschen stellen sich vor, dass Kontrolle des Geistes eine enge, einschränkende Fessel ist. Tatsächlich ist Kontrolle ein natürlicher Zustand. Aber so etwas würdet ihr nie sagen. Ihr behauptet, dass der Geist von Natur aus unkontrolliert ist, dass es für ihn natürlich ist, unkontrolliert zu sein. Aber das ist nicht der Fall. Wenn ihr die Natur eures unkontrollierten Geistes erkennt, entsteht Kontrolle so natürlich, wie jetzt euer unkontrollierter Zustand. Mehr noch: Der einzige Weg, Kontrolle über euren Geist zu gewinnen, ist, seine Natur zu verstehen. Ihr könnt nie euren Geist, eure innere Welt zu einer Veränderung zwingen. Ihr könnt euren Geist auch nicht durch körperliche Strafen reinigen, indem ihr den Körper auspeitscht. Das ist völlig unmöglich.

Unreinheit, Sünde, Negativität oder wie auch immer ihr es nennen wollt, ist etwas Psychologisches, ein geistiges Phänomen, und deshalb könnt ihr das nicht durch etwas Körperliches stoppen. Für die geistige Reinigung müsst ihr Methode und Weisheit klug verbinden. Wenn ihr euren Geist reinigen wollt, müsst ihr nicht an etwas Besonderes oben im Himmel glauben, an einen Gott oder an Buddha. Macht euch darüber keine Sorgen. Wenn ihr das Auf und Ab eures täglichen Lebens wirklich erkennt, das wahre Wesen eurer geistigen Haltungen, dann seid ihr sofort bereit, eine Lösung zu suchen und umzusetzen.

Heutzutage sind viele Menschen von der Religion enttäuscht, sie denken vermutlich, dass sie nicht wirkt. Religion funktioniert aber. Sie bietet fantastische Lösungen für all eure Probleme. Das Problem ist, dass die Menschen das wahre Wesen der Religion nicht verstehen, und deshalb wollen sie die Methoden auch nicht anwenden.

Betrachtet das materialistische Leben, ein Leben voller Aufregung und Konflikte. Ihr kriegt die Dinge nie so hin, wie ihr sie haben wollt. Ihr könnt nicht einfach morgens aufwachen und entscheiden, wie der Tag genau ablaufen soll. Ganz abgesehen von Wochen, Monaten oder Jahren, ihr könnt nicht einmal einen einzigen Tag vorhersagen. Wenn ich euch jetzt fragen würde, ob ihr morgen aufstehen und genau festlegen könnt, wie der Tag ablaufen soll, wie ihr euch in jedem Augenblick fühlen werdet, was würdet ihr sagen? Das könnt ihr nicht, nicht wahr?

Gleichgültig, wie bequem euer materielles Leben ist, gleichgültig wie ihr euer Haus einrichtet, ihr habt dies und das, ihr stellt das eine Ding hierhin und das andere dorthin, ihr könnt euren Geist nie auf die gleiche Weise beeinflussen. Ihr könnt niemals darüber entscheiden, wie ihr euch den ganzen Tag über fühlt. Ihr könnt euren Geist nicht genauso ordnen. Ihr könnt nie sagen: »Heute werde ich so und so sein.« Ich kann euch mit absoluter Sicherheit sagen: So lange euer Geist unkontrolliert, aufgeregt und dualistisch ist, ist das unmöglich. Wenn ich das sage, will ich euch nicht schlecht machen, ich rede nur über die Art und Weise, wie der Geist funktioniert.

Das soll euch klarmachen, dass es unmöglich ist, sein Leben zu bestimmen, gleichgültig wie sehr man sich auf der materiellen Ebene komfortabel absichert, gleichgültig, wie oft man sich selbst einredet: »Oh, das macht mich glücklich, heute werde ich den ganzen Tag über glücklich sein.« Eure Gefühle verändern sich ständig und automatisch, sie verändern sich immer. Das zeigt, dass das materialistische Leben nicht funktioniert. Ich meine damit aber nicht, dass ihr alle dem weltlichen Leben entsagen und Asketen werden sollt. Das will ich damit nicht sagen. Der Punkt, auf den ich hinaus will, ist der folgende: Wenn ihr die geistigen Gesetze korrekt verstanden habt und entsprechend handelt, werdet ihr viel mehr Befriedigung und Sinn in eurem Leben finden, als wenn ihr euch nur auf die Welt der Sinne stützt. Die Sinneswelt alleine kann den menschlichen Geist nicht befriedigen.

Das, was wir Religion nennen, besteht einzig und allein dazu, dass wir das Wesen unserer Psyche, unseres Geistes, unserer Gefühle verstehen. Welchen Namen wir unserem spirituellen Pfad auch geben, das Wichtigste ist, dass wir unsere Erfahrungen, unsere Gefühle kennenlernen.

Die buddhistischen Lehrer haben die Erfahrung gemacht, dass es am wichtigsten ist, selber zu experimentieren, die Dharma-Methoden anzuwenden und die Wirkungen zu überprüfen, die sie auf euren Geist haben, statt den Glauben zu betonen. Helfen diese Methoden? Hat sich euer Geist verändert oder ist er noch genauso unkontrolliert wie immer? Das ist Buddhismus, und diese Methode, den Geist zu überprüfen, wird Meditation genannt.

Dabei geht es um eine individuelle Sache, die man nicht verallgemeinern kann. Es kommt auf euer eigenes Verstehen an, auf die persönliche Erfahrung. Wenn euer Pfad keine Lösung für eure Probleme bietet, eure Fragen nicht beantwortet und euren Geist nicht zufriedenstellt, dann müsst ihr ihn überprüfen. Vielleicht habt ihr verkehrte Ansichten, oder es läuft etwas schief mit eurem Verständnis. Ihr könnt nicht unbedingt den Schluss ziehen, dass etwas mit eurer Religion nicht stimmt, nur weil ihr es ausprobiert habt, und es hat nicht funktioniert. Die Menschen sind verschieden, und sie haben ihre eigenen Vorstellungen, Ansichten und ihr eigenes Verständnis von Religion, und sie können Fehler machen. Deshalb müsst ihr euch vergewissern, dass ihr eure religiösen Vorstellungen und Methoden richtig versteht. Wenn ihr euch auf der Grundlage eines richtigen Verständnisses richtig bemüht, werdet ihr eine tiefe innere Zufriedenheit erfahren. So beweist ihr euch selbst, dass Zufriedenheit nicht von irgendetwas Äußerem abhängig ist. Wahre Zufriedenheit kommt aus dem Geist.

Wir fühlen uns oft elend, und unsere Welt scheint verkehrt, weil wir glauben, die äußeren Dinge müssten genau so funktionieren, wie wir es geplant haben, und wie wir es von ihnen erwarten. Wir erwarten, dass die Dinge, die von Natur aus Veränderungen unterworfen sind, sich nicht verändern, und dass unbeständige Dinge für immer bleiben. Wenn sie sich dann verändern, regen wir uns auf. Wenn ihr euch ärgert, wenn in eurem Haus etwas zusammenbricht, zeigt das, dass ihr das unbeständige Wesen der Dinge noch nicht richtig verstanden habt. Wenn die Zeit reif ist, dass etwas zerbricht, dann zerbricht es, gleichgültig welche Erwartungen ihr habt.

Dennoch erwarten wir, dass die materiellen Dinge bleiben. Nichts Materielles hält für immer, das ist unmöglich. Deshalb solltet ihr euch mehr um eure spirituelle Übung und Meditation bemühen als um die Manipulation eurer Umwelt, wenn ihr beständige Zufriedenheit erreichen wollt. Anhaltende Zufriedenheit kommt aus eurem Geist, aus eurem Inneren. Euer Hauptproblem ist euer unkontrollierter, unzufriedener Geist, denn sein Wesen ist Leiden.

Wenn ihr das erkennt und irgendein Problem auftaucht, entspannt euch, setzt euch hin und untersucht die Situation selber, mit eurem eigenen Geist, statt euch zu ärgern, weil eure Erwartungen nicht erfüllt wurden, oder statt euch durch irgendwelche äußeren Aktivitäten abzulenken. Das ist eine konstruktive Art, mit den Problemen umzugehen und euren Geist zu besänftigen. Mehr noch, wenn ihr das macht, dann erlaubt ihr eurem innewohnenden Weisheitswissen zu wachsen. In einem aufgeregten, verwirrten und ruhelosen Geist wächst keine Weisheit.

Aufgeregte Geisteszustände hindern euch am meisten an der Entwicklung von Weisheit. Das gilt auch für das Missverständnis, dass euer Ich und die Natur eures Geistes ein und dasselbe sei. Wenn ihr das glaubt, könnt ihr die beiden nie auseinander halten und jenseits des Ich gelangen. So lange ihr glaubt, dass ihr von Natur aus sündhaft und negativ seid, könnt ihr nie darüber hinausgelangen. Was ihr glaubt, ist sehr wichtig, denn es verfestigt sehr wirksam eure falschen Ansichten. Im Westen scheinen die Menschen zu denken, sie könnten nicht leben. wenn sie nicht eins mit ihrem Ich sind, sie bekämen keinen Job und könnten nichts mehr tun. Das ist eine gefährliche Täuschung. Ihr seid unfähig, Ich und Geist, Ich und Leben auseinander zu halten. Das ist euer großes Problem. Ihr denkt, wenn ihr euer Ich verliert, verliert ihr eure Persönlichkeit, euren Geist, euer menschliches Wesen.

Das ist einfach nicht wahr, ihr solltet euch darüber keine Sorgen machen. Wenn ihr euer Ich verliert, werdet ihr glücklich, und ihr sollt glücklich sein. Das gibt natürlich Anlass zu der Frage: »Was ist das Ich?« Im Westen scheinen die Menschen viele Worte für das Ich zu haben, aber wissen sie, was das Ich wirklich ist? Es ist gleichgültig, wie perfekt euer Englisch (oder Deutsch) ist, das Ich ist ein Wort. Das Wort ist nur ein Symbol. Das eigentliche Ich ist in euch. Es ist die falsche Vorstellung, dass euer Selbst unabhängig, dauerhaft und inhärent existiert. In Wirklichkeit existiert das, was ihr für das Ich haltet, nicht.

Wenn ich euch jetzt alle bitten würde, tief nachzuforschen, was ihr jenseits von Worten für euer Ich haltet, dann hätte jede Person eine andere Meinung. Ich mache keine Witze, das ist meine Erfahrung. Ihr müsst das selbst überprüfen. Wir sagen immer sehr oberflächlich: »Das ist mein Ich«, aber wir haben keine Ahnung, was das Ich in Wirklichkeit ist. Manchmal benutzen wir den Begriff sogar herabsetzend: »Mach dir keine Sorgen, das ist nur mein Ego«, oder so ähnlich, aber wenn wir tiefer nachfragen, dann sehen wir, dass der Durchschnittsmensch denkt, dass das Ich seine Persönlichkeit, sein Leben ist. Männer denken, wenn sie ihr Ich verlieren, dann verlieren sie ihre Persönlichkeit, dann sind sie keine Männer mehr. Frauen denken, wenn sie ihr Ich verlieren, dann verlieren sie ihre weiblichen Qualitäten. Das ist nicht wahr, überhaupt nicht wahr. Doch so in etwa interpretieren westliche Menschen ihr Leben und ihr Ich. Sie denken, dass das Ich etwas Positives ist in dem Sinne, dass es wichtig ist für das Leben in der Gesellschaft, und wenn man kein Ich hat, kann man sich nicht in der Gesellschaft bewegen. Überprüft das mal genau, und zwar auf der geistigen Ebene, nicht auf der körperlichen. Das ist interessant.

Selbst Psychologen beschreiben das Ich so oberflächlich, dass man denkt, es wäre etwas Körperliches. Vom buddhistischen Standpunkt aus ist das Ich eine Idee, eine Vorstellung und kein körperliches Ding. Natürlich können Anzeichen von Ichaktivitäten äußerlich sichtbar werden, zum Beispiel wenn jemand sich ärgert und sein Gesicht und sein ganzer Körper diese ärgerlichen Schwingungen widerspiegeln. Aber das ist nicht der Ärger selbst, es ist ein Zeichen von Ärger. Ähnlich ist das Ich nicht seine äußere Manifestation, sondern ein Geistesfaktor, eine psychologische Einstellung. Man kann es von außen nicht erkennen.

Wenn man meditiert, dann kann man sehen, warum man heute obenauf ist und morgen niedergeschlagen. Stimmungsschwankungen werden durch den Geist verursacht. Leute, die sich selbst nicht erforschen, finden sehr oberflächliche Gründe, wie: »Heute bin ich unglücklich, weil die Sonne nicht scheint«, aber die meiste Zeit wird das Auf und Ab vor allem durch psychologische Umstände hervorgerufen.

Wenn ein starker Wind weht, verziehen sich die Wolken, und der blaue Himmel kommt zum Vorschein. So ähnlich ist es, wenn die kraftvolle Weisheit aufscheint, die die Natur des Geistes versteht, dann verschwinden die dunklen Wolken des Ich. Jenseits des Ich, jenseits des aufgewühlten, unkontrollierten Geistes, liegen immerwährender Friede und Zufriedenheit. Deshalb hat Buddha die gründliche Untersuchung von beiden Seiten, der positiven wie der negativen, empfohlen. Besonders dann, wenn euer negativer Geist erscheint, solltet ihr ihn näher untersuchen, statt euch zu ängstigen.

Ihr seht, der Buddhismus ist überhaupt keine taktvolle Religion, die versucht, nie anzuecken. Der Buddhismus spricht genau das an, was ihr seid und was euer Geist hier und jetzt macht. Das macht ihn so interessant. Ihr könnt nicht erwarten, dass ihr nur etwas Positives hört. Sicherlich habt ihr auch positive Seiten, aber was ist mit den negativen Aspekten eures Wesens? Um ein ausgeglichenes Verständnis beider Aspekte zu entwickeln, müsst ihr euer ganzes Sein verstehen, ihr müsst euch die negativen und die positiven Charakterzüge anschauen und nicht versuchen, sie unter den Teppich zu kehren.

Mehr habe ich im Moment nicht zu sagen, aber ich würde gerne noch einige Fragen beantworten.

Fragen

Frage: Lama, haben Sie gesagt, dass wir unsere negativen Handlungen eher ausleben sollten, anstatt sie zu unterdrücken? Dass wir unsere Negativität herauslassen sollten?
Lama: Das kommt darauf an. Es gibt zwei Möglichkeiten. Wenn das negative Gefühl bereits an die Oberfläche gestiegen ist, ist es wahrscheinlich besser, es irgendwie auszudrücken. Aber es ist noch besser, wenn man sich damit befasst, bevor es diese Ebene erreicht hat. Wenn man allerdings keine Methode hat, um mit starken negativen Gefühlen umzugehen, und man versucht dann, sie tief in sich zu verschließen, kann das eventuell zu ernsthaften Problemen führen. Die Person kann dann einen Wutausbruch kriegen, der sie dazu bringt, ein Gewehr zu nehmen und Leute zu erschießen. Der Buddhismus lehrt eine Methode, die Gefühle mit Weisheit untersucht und sie durch Meditation verarbeitet, und dadurch können sich die Gefühle einfach auflösen. Wenn man starke negative Gefühle ausdrückt, hinterlässt das einen ungeheuer tiefen Eindruck in unserem Bewusstsein. Dieser Eindruck bringt uns dazu, das nächste Mal auf die gleiche schädliche Art und Weise zu reagieren, vielleicht reagieren wir das zweite Mal sogar noch heftiger. Dies führt zu einer karmischen Kettenreaktion von Ursachen und Wirkungen, die so ein negatives Verhalten verewigt. Deshalb braucht man Geschick und Urteilskraft, wenn man mit negativer Energie umgeht. Man muss lernen, wann und wie man sie ausdrückt, und besonders, wie man sie früh erkennen und mit Weisheit umwandeln kann.

Frage: Können Sie bitte die Beziehung zwischen buddhistischen Meditationstechniken und Hatha-Yoga erklären?
Lama: Im Buddhismus konzentrieren wir uns mehr auf die durchdringende Innenschau als auf körperliche Bewegung, obwohl es bestimmte Übungen gibt, bei denen die Meditationstechniken durch körperliche Übungen unterstützt werden. Im Allgemeinen lehrt uns die buddhistische Meditation, nach innen zu schauen auf das, was

wir sind, um unsere wahre Natur zu verstehen. So ist es bei der buddhistischen Meditation nicht unbedingt nötig, in der Lotosposition zu sitzen und die Augen geschlossen zu halten. Meditation kann jeden Aspekt unseres alltäglichen Lebens umfassen. Es ist wichtig, bei allem, was man tut, bewusst zu sein, damit man weder sich selbst noch anderen unbewusst Schaden zufügt. Ob ihr geht, sprecht, arbeitet, oder was immer ihr macht: Seid euch der Handlungen von Körper, Rede und Geist bewusst.

Frage: Kontrollieren Buddhisten ihr Prana (Windenergie) völlig durch den Geist?
Lama: Ja. Wenn man seinen Geist kontrollieren kann, kann man alles kontrollieren. Es ist allerdings unmöglich, den materiellen Körper zu kontrollieren, ohne zuerst den Geist zu kontrollieren. Wenn man versucht, den Körper mit Gewalt zu kontrollieren, wenn man sich ohne Verständnis der Beziehung zwischen Körper und Geist unter Druck setzt, kann das sehr gefährlich werden und dem Geist großen Schaden zufügen.

Frage: Kann man durch Gehen einen genauso tiefen Meditationszustand erreichen wie durch das Sitzen?
Lama: Sicher, das ist theoretisch möglich, aber das hängt vom Einzelnen ab. Für Anfänger ist es offensichtlich einfacher, durch Sitzmeditation zu tieferen Konzentrationszuständen zu gelangen. Erfahrene Meditierende können jedoch einsgerichtete Konzentration, einen völlig integrierten Geist, aufrechterhalten, was immer sie auch tun, auch beim Gehen. Wenn jemand allerdings einen völlig gestörten Geist hat, reicht vielleicht selbst Sitzmeditation nicht aus, um seinen Geist zu integrieren. Ein besonderes Merkmal des Buddhismus besteht darin, dass es nicht heißt, jeder soll dies und das machen und so und so sein, das hängt immer vom Einzelnen ab. Wir haben jedoch einen klar definierten Stufenweg von Meditationsübungen: Zuerst entwickelt man dies, dann geht man weiter zu jenem und so fort, durch die unterschiedlichen Ebenen der Konzentration. Auf ähnli-

che Weise ist der ganze Weg bis zur Erleuchtung stufenweise und logisch angeordnet – im so genannten Lamrim (Stufenweg). So kann jede Person ihren Einstieg finden und von dort aus weitergehen.

Frage: Lama, können die verschiedenen negativen Gedanken, die in unserem Geist entstehen, auch von einer Quelle außerhalb von uns selbst kommen, von anderen Menschen oder vielleicht von Geistern?
Lama: Das ist eine sehr gute Frage. Die wirkliche Quelle, die tiefe Wurzel der Negativität, liegt in unserem eigenen Geist, aber damit diese zum Ausdruck kommen kann, braucht es normalerweise Kontakt mit einem mitwirkenden Umstand, mit anderen Leuten oder mit der materiellen Welt. Einige Menschen zum Beispiel erleben Gemütsschwankungen durch astrologische Einflüsse, durch die Schwingungen der Planetenbewegung. Die Gefühle von anderen schwanken bedingt durch hormonelle Veränderungen in ihrem Körper. Solche Erfahrungen kommen nicht nur aus dem Geist allein, sondern durch den Kontakt zwischen körperlicher und geistiger Energie. Natürlich können wir auch sagen, dass schon allein die Tatsache, dass wir uns in einem Körper befinden, der anfällig für solche Veränderungen ist, ursprünglich von unserem Geist stammt. Aber ich glaube nicht, dass Buddha sagen würde, dass es äußere Geister gibt, die dich schädigen. Es ist jedoch möglich, dass deine innere Energie sich mit einer äußeren Energie verbindet und diese gegenseitige Beeinflussung dich krank macht.

Ihr könnt anhand eurer eigenen Lebenserfahrung sehen, wie die Umgebung euch beeinflusst. Wenn ihr mit friedlichen, großzügigen und glücklichen Menschen zusammen seid, werdet ihr euch wahrscheinlich auch glücklich und friedlich fühlen. Wenn ihr mit ärgerlichen und aggressiven Menschen zusammen seid, werdet ihr wahrscheinlich genauso. Der menschliche Geist ist wie ein Spiegel. Ein Spiegel unterscheidet nicht, sondern reflektiert einfach, was vor ihm ist, gleichgültig, ob es schrecklich oder wunderbar ist. So ähnlich nimmt euer Geist den Aspekt eurer Umgebung an, und wenn ihr nicht bemerkt, was vor sich geht, füllt sich euer Geist mit Müll. Deswegen ist es sehr wichtig, dass ihr euch eurer Umwelt bewusst seid und auch, wie sie euren Geist beeinflusst.

Ihr müsst verstehen, in welcher Beziehung die Religion zu eurem Geist steht, was sie mit dem Leben, das ihr führt, zu tun hat. Wenn ihr das hinkriegt, dann ist Religion fantastisch, dann gibt es Verwirklichungen. Der Glaube an Gott, an Buddha oder an die Sünde oder an sonst etwas ist nicht wichtig, macht euch über all das keine Sorgen. Handelt einfach, so gut ihr könnt, aus rechtem Verstehen heraus, und ihr seht die Resultate noch heute. Vergesst alles über das Überbewusstsein und die universelle Liebe; die universelle Liebe wächst langsam, stetig, allmählich. Wenn ihr aber nur an großen Vorstellungen hängt: »Oh fantastisch, unendliches Wissen, unendliche Kraft!«, dann seid ihr einfach nur auf einem Machttrip. Natürlich existiert spirituelle Kraft wirklich, aber man kann sie nur durch die Übung entsprechender spiritueller Methoden bekommen. Kraft kommt aus dem Inneren, ein Teil von euch wird zur Kraft. Denkt nicht, dass die einzig wahre Kraft da oben ist, irgendwo im Himmel. Ihr habt Kraft, euer Geist ist Kraft.

Frage: Wahrnehmung ist eines der fünf Aggregate, die entsprechend der buddhistischen Philosophie eine Person ausmachen. Wie funktioniert sie?
Lama: Ja, das ist auch eine gute Frage. Meistens nehmen wir die Wirklichkeit nicht wahr. Sicherlich, wir nehmen die Sinneswelt wahr – attraktive Formen, schöne Farben, gute Geschmäcker und so weiter – aber wir sehen nicht die wirkliche, wahre Natur der Formen, Farben und Geschmäcker. Deswegen ist unsere Wahrnehmung die meiste Zeit falsch. So verarbeitet unsere falsche Wahrnehmung die Informationen, die von den fünf Sinnen geliefert werden, und gibt falsche Informationen an unseren Geist weiter, der unter dem Einfluss des Ich reagiert. Das Resultat von all dem ist, dass wir die meiste Zeit halluzinieren, die wahre Natur der Dinge nicht sehen und nicht einmal die Wirklichkeit der Sinneswelt verstehen.

Frage: Beeinflusst das Karma der Vergangenheit unsere Wahrnehmung?
Lama: Ja natürlich. Das Karma der Vergangenheit beeinflusst unsere Wahrnehmung sehr. Unser Ich klammert sich an die Sicht unserer unkontrollierten Wahrnehmung, und unser Geist folgt einfach nach: Diese ganze unkontrollierte Situation nennen wir Karma. Karma ist nicht einfach irgendeine unwichtige Theorie; es ist die alltägliche Wahrnehmung, in der wir leben.

Frage: Welche Beziehung besteht zwischen Körper und Geist in Hinsicht auf die Nahrung?
Lama: Der Körper ist nicht der Geist, und der Geist ist nicht der Körper, aber die beiden haben eine sehr spezielle Verbindung. Sie sind sehr eng vernetzt und reagieren sehr sensibel auf Veränderungen. Wenn Leute zum Beispiel Drogen nehmen, beeinflusst die Substanz nicht den Geist direkt. Aber da der Geist mit dem Nervensystem und mit den Sinnesorganen des Körpers verbunden ist, wird das Nervensystem – ausgelöst durch die Droge – verändert und aus dem Gleichgewicht gebracht, und das verursacht die Halluzinationen des Geistes. Es gibt eine sehr starke Verbindung zwischen Körper und Geist. Im tibetischen tantrischen Yoga machen wir uns diese starke Verbindung zunutze. Indem wir uns stark auf die psychischen Kanäle des Körpers konzentrieren, können wir den Geist entsprechend beeinflussen. Deshalb haben im täglichen Leben selbst die Nahrung, die wir essen, und die anderen Dinge, die unseren Körper berühren, eine Wirkung auf unseren Geist.

Frage: Tut fasten gut?
Lama: Fasten ist nicht so wichtig, es sei denn, man macht spezielle Übungen zum Geistestraining. Dann kann Fasten sogar wesentlich sein. Das ist die Erfahrung der Lamas. Wenn man zum Beispiel den ganzen Tag über isst und trinkt und dann am Abend meditieren will, ist die Konzentration vermutlich sehr schlecht. Deshalb essen wir nur einmal am Tag, wenn wir ernsthaft meditieren. Am Morgen

trinken wir Tee, mittags essen wir eine Mahlzeit, und abends trinken wir Tee, statt zu essen. Für uns macht diese Routine das Leben beneidenswert einfach, und der Körper fühlt sich sehr wohl, während jemand, der sich nicht mit Geistestraining beschäftigt, das wahrscheinlich als Tortur empfindet. Normalerweise empfehlen wir das Fasten nicht. Wir sagen den Leuten, sie sollen sich nicht bestrafen, sondern einfach nur glücklich und vernünftig sein und ihren Körper so gesund wie möglich erhalten. Wenn euer Körper schwach ist, wird euer Geist nutzlos. Wenn euer Geist nutzlos wird, dann wird euer kostbares menschliches Leben nutzlos. Aber bei besonderen Gelegenheiten, wenn das Fasten die Meditationspraxis verbessert, wenn es einem höheren Zweck dient, dann würde ich sagen, ja, fasten kann gut für dich sein.

Vielen Dank. Wenn es keine weiteren Fragen gibt, will ich euch nicht länger aufhalten. Vielen Dank.

Brisbane, Australien, 28. April 1975

3 *Was ist buddhistische Psychologie?*

Das Studium des Buddhismus ist kein trockenes intellektuelles Unterfangen, keine skeptische Analyse einer religiösen philosophischen Doktrin. Im Gegenteil, wenn man Dharma studiert und meditieren lernt, dann ist man selbst die Hauptsache, man ist vor allem am eigenen Geist, an der eigenen wahren Natur interessiert.

Buddhismus ist eine Methode, um den undisziplinierten Geist zu kontrollieren und ihn vom Leiden zum Glücklichsein zu führen. Derzeit haben wir alle einen undisziplinierten Geist, aber wenn wir ein korrektes Verständnis seiner wahren Natur entwickeln, stellt sich ganz natürlich Kontrolle ein, und wir können uns mit der Zeit von der emotionalen Unwissenheit und dem daraus automatisch entstehenden Leiden befreien.

Deshalb ist es das Wichtigste, den eigenen Geist zu kennen und zu verstehen, wie er funktioniert, gleichgültig, ob man gläubig oder ungläubig ist, religiös oder nicht religiös, ob Christ, Hindu oder Wissenschaftler, schwarz oder weiß, Asiate oder Westler.

Wenn man den eigenen Geist nicht kennt, dann verhindern die falschen Ansichten, dass man die Realität sieht. Selbst wenn man sich für einen Praktizierenden dieser oder jener Religion hält, kann es sein, dass man, wenn man tiefer nachforscht, herausfindet, dass man nirgendwohin gelangt. Seid also vorsichtig. Keine Religion ist dagegen, dass man seine wahre Natur erkennt, aber nur zu oft beschäftigen sich religiöse Menschen zu sehr mit der Geschichte ihrer Religion, mit Philosophie oder Doktrinen, und sie ignorieren, wie und was sie selbst sind und was mit ihnen los ist. Statt ihre Religion anzuwenden und deren Ziele zu erreichen – wie Erlösung, Befreiung, innere Freiheit, ewiges Glück und Freude – treiben sie intellektuelle Spielchen mit ihrer Religion, als ob sie ein materieller Besitz wäre.

Wie könnt ihr immerwährendes Glück entdecken, wenn ihr nicht versteht, wie euer Wesen sich entwickeln kann? Was ist immerwährendes Glück? Es ist nicht im Himmel oder im Dschungel zu finden und auch nicht in der Luft oder unter der Erde. Immerwährendes Glück existiert in euch selbst, in eurer Psyche, in eurem Bewusstsein, in eurem Geist. Deshalb ist es so wichtig, dass ihr die Natur eures Geistes untersucht.

Wenn die religiösen Theorien, die ihr studiert, weder Glück noch Freude in euer tägliches Leben bringen, was ist dann ihr Zweck? Selbst wenn ihr behauptet: »Ich übe diese oder jene Religion«, dann überprüft, was ihr tut, wie ihr euch verhaltet und was ihr entdeckt habt, seit ihr sie ausübt.

Und scheut euch nicht davor, auch die Einzelheiten zu hinterfragen, wie könnt ihr sonst wissen, was ihr tut? Ich bin sicher, ihr wisst schon, dass der blinde Glaube an eine Religion eure Probleme niemals lösen kann.

Vielen Menschen ist ihre spirituelle Übung gleichgültig: »Ich gehe einfach jede Woche in die Kirche. Das reicht mir.« Das bringt keine Lösungen. Was ist der Zweck eurer Religion? Bekommt ihr die Antworten, die ihr braucht, oder ist eure Übung nur ein Witz? Ihr müsst das überprüfen. Ich verurteile niemanden, aber ihr müsst genau wissen, was ihr tut. Übt ihr realistisch oder verkehrt, voller Halluzinationen? Wenn euer Weg euch beibringt, korrekt zu handeln und euch um spirituelle Verwirklichungen wie Liebe, Mitgefühl und Weisheit zu bemühen, und euch auch dahin führt, dann ist er ganz offensichtlich wertvoll. Ansonsten verschwendet ihr nur eure Zeit.

Die geistigen Verunreinigungen durch falsche Ansichten sind weitaus gefährlicher als Drogen. Falsche Vorstellungen und verkehrte Übungen verankern sich tief in eurem Geist, vermehren sich im Lauf des Lebens und begleiten euren Geist ins nächste Leben. Das ist viel gefährlicher als irgendeine physikalische Substanz. Jeder von uns, ob religiös oder nicht, ob aus Asien oder aus dem Westen, will glücklich sein. Jeder sucht Glück, aber sucht ihr an der richtigen Stelle? Stellt sicher, dass ihr das Glück dort sucht, wo es gefunden werden kann.

Wir betrachten die Lehren Buddhas eher als Psychologie und Philosophie, und zwar mehr als man sich das gewöhnlich bei einer Religion vorstellt. Viele Leute halten Religion vor allem für eine Frage des Glaubens, aber wenn eure religiöse Übung hauptsächlich auf Glauben beruht, kann die skeptische Frage eines Freundes diesen Glauben völlig zerstören. Wenn jemand fragt: »Was in aller Welt machst du da?«, dann denken wir: »Ach du meine Güte, alles, was ich getan habe, war falsch.« Deshalb vergewissert euch, dass ihr genau wisst, was ihr tut, bevor ihr euch irgendeinem spirituellen Pfad verpflichtet.

Buddhistische Psychologie lehrt, dass emotionale Anhaftung an die Welt der Sinne von körperlichen und geistigen Gefühlen herrührt. Die fünf Sinne stellen eurem Geist Informationen zur Verfügung, die dann unterschiedliche Gefühle hervorrufen, und die kann man in drei Gruppen einteilen: angenehm, unangenehm, neutral. Diese Gefühle entstehen als Reaktion auf körperliche oder geistige Reize.

Wenn wir angenehme Gefühle erfahren, folgt daraus gefühlsmäßige Anhaftung, und wenn dieses angenehme Gefühl nachlässt, entsteht Begehren, der Wunsch, das Gefühl noch einmal zu erfahren. Das Wesen dieses Geistes ist Unzufriedenheit, und das stört unseren geistigen Frieden, denn der unzufriedene Geist ist per definitionem aufgeregt. Wenn wir unangenehme Gefühle erleben, lehnen wir sie automatisch ab und wollen sie loswerden. So entsteht Abneigung, und auch sie stört unseren geistigen Frieden. Bei neutralen Gefühlen ignorieren wir, was geschieht, und wir wollen die Realität nicht sehen. Deshalb stören uns alle Gefühle, die wir täglich erleben – seien sie angenehm, unangenehm oder neutral –, und es gibt kein Gleichgewicht, keine Ausgewogenheit in unserem Geist.

Wenn ihr eure Gefühle auf diese Weise untersucht, hat das nichts mit Glauben zu tun, nicht wahr? Das ist kein Himalaya-Gebirgsding aus dem Osten. Da geht es um euch, das ist euer Ding. Ihr könnt das, was ich sage, nicht widerlegen und einfach behaupten: »Ich habe keine Gefühle.« So einfach ist das. Außerdem sind viele eurer negativen Handlungen Reaktionen auf Gefühle. Überprüft das. Wenn ihr euch durch den Kontakt mit Menschen oder anderen Sinnesobjekten gut fühlt, dann analysiert bitte genau, wie ihr euch fühlt und warum ihr euch gut fühlt. Das angenehme Gefühl ist kein äußeres Objekt, nicht wahr? Es ist in eurem Geist. Ich bin sicher, wir sind uns alle einig darüber, dass das angenehme Gefühl nicht außerhalb von uns existiert.

Warum fühlt ihr euch dann so? Wenn ihr derartige Untersuchungen anstellt, stellt ihr fest, dass Glück und Freude, Unbehagen und Unglück, Seligkeit und neutrale Gefühle in euch liegen. Ihr entdeckt, dass ihr hauptsächlich selbst für eure Gefühle verantwortlich seid und dass ihr nicht den anderen die Schuld dafür geben könnt, wie ihr euch fühlt: »Er macht mich unglücklich. Sie macht mich unglücklich. Dieses Zeug macht mich unglücklich.« Ihr könnt nicht die Gesellschaft für eure Probleme verantwortlich machen, obwohl ihr genau das immer tut, nicht wahr? Das ist unrealistisch.

Wenn ihr einmal die Entwicklung eurer geistigen Probleme wirklich verstanden habt, macht ihr nie mehr ein anderes lebendes Wesen dafür verantwortlich, wie ihr euch fühlt. Diese Erkenntnis steht am Anfang einer guten Kommunikation mit anderen und des Respekts für sie. Normalerweise sind wir uns all dessen nicht bewusst, wir handeln unbewusst und verhalten uns automatisch respektlos und verletzen andere. Wir denken nicht darüber nach, wir machen es nur einfach so.

Manche Menschen – selbst einige Psychologen – glauben, dass man dem Gefühl von begehrlichem Verlangen ein Ende setzen kann, wenn man es mit diesem oder jenem Objekt füttert. Wenn man leidet, weil einen der Mann oder die Frau verlassen hat, dann könnte man das Problem dadurch lösen, dass man sich einen anderen Partner sucht. Das ist unmöglich. Wenn ihr die Beschaffenheit eurer angenehmen, unangenehmen und neutralen Gefühle nicht wirklich versteht, begreift ihr auch das Wesen eurer geistigen Haltungen nie, und ohne das hören eure emotionalen Probleme nie auf.

Der Buddhismus sagt euch zum Beispiel, ihr sollt Mitgefühl und Liebe für alle lebenden Wesen empfinden. Doch selbst Gleichmut gegenüber allen Wesen ist schwer zu entwickeln, wenn der unwissende dualistische Geist euch völlig im Griff hat! Es geht nicht, weil ihr gefühlsmäßig zu extrem seid. Wenn ihr glücklich seid, weil durch den Kontakt mit einem besonderen Objekt ein angenehmes Gefühl entstanden ist, dann übertreibt ihr die guten Eigenschaften dieses Objekts, und ihr blast eure Gefühle so stark wie möglich auf. Aber ihr wisst, dass euer Geist nicht so hochgestimmt bleiben kann. Diese Stimmung ist vergänglich, bloß ein Durchgangsstadium, und deshalb geht es natürlich bald wieder bergab. Dann wird euer unausgeglichener Geist automatisch depressiv. Ihr müsst genau erkennen, wie viel Energie ihr aufwenden müsst, um den Gefühlen nachzujagen oder vor ihnen zu fliehen. Wir sind immer zu extrem, wir müssen ein Mittelmaß finden.

Wenn ihr etwas genauer hinschaut, entdeckt ihr, dass die Gefühle für alle Konflikte auf der Welt verantwortlich sind. Das reicht von zwei kleinen Kindern, die sich um ein Bonbon prügeln, bis zu zwei großen Nationen, die um ihre Existenz kämpfen. Wofür kämpfen sie? Für angenehme Gefühle! Selbst Kinder, die noch nicht sprechen können, kämpfen, weil sie glücklich sein wollen.

Durch Meditation könnt ihr die Wahrheit all dessen leicht erkennen. Meditation deckt alles auf, was in eurem Geist los ist, all euren Müll und alles, was gut ist, all das könnt ihr durch Meditation erkennen.

Aber glaubt nicht, dass Meditation nur bedeutet, in der Lotoshaltung auf dem Boden zu sitzen und nichts zu tun. Bewusst sein bei allem, was ihr tut – ob gehen, essen, trinken oder reden – das ist Meditation. Je eher euch das klar ist, desto schneller werdet ihr erkennen, dass ihr selbst verantwortlich seid für eure Handlungen, für die Glücksgefühle, die ihr haben wollt und für die Unglücksgefühle, die ihr nicht haben wollt. Ihr erkennt, dass niemand anderes euch kontrolliert.

Wenn ein angenehmes Gefühl aufsteigt und dann – wie es seine Natur ist – wieder vergeht, und euch das frustriert, weil ihr es wiederhaben wollt, dann kommt das nicht von Gott oder von Krishna, von Buddha oder von einem anderen Wesen außerhalb. Verantwortlich dafür sind eure eigenen Handlungen.

Ist das nicht einfach zu verstehen? Der schwache Geist denkt: »Oh, er macht mich krank. Wegen ihr fühle ich mich schrecklich.« Das ist der schwache Geist, der immer versucht, die Schuld auf jemand oder etwas anderes zu schieben. Eigentlich finde ich es wunderbar, wenn man die Erfahrungen des täglichen Lebens untersucht und herausfindet, wie die körperlichen und geistigen Gefühle entstehen. Man lernt die ganze Zeit, es gibt keinen Augenblick, in dem man nichts lernt. Auf diese Weise, durch die Anwendung eures eigenen Weisheitswissens, findet ihr heraus, dass die Verwirklichung von immerwährendem Frieden und von immerwährender Freude in euch selbst liegt. Leider besitzt der schwache Geist nur wenig Weisheitswissen, ihr müsst diese Energie in eurem Geist gut nähren.

Warum lehrt der Buddhismus des Großen Fahrzeugs ein Gefühl von Gleichmut gegenüber allen Lebewesen zu entwickeln? Oft wählen wir nur ein kleines Ding, ein kleines Atom, ein einziges Lebewesen und denken: »Das ist das Einzige für mich, das ist das Beste.« So entstehen extreme Werte: Wir übertreiben den Wert dessen, was wir mögen, maßlos und haben nur Geringschätzung für alles andere. Das ist nicht gut für uns, für unseren inneren Frieden. Stattdessen sollten wir lieber unser Verhalten untersuchen: »Warum mache ich das? Mein unrealistischer, egozentrischer Geist verunreinigt mein Bewusstsein.« Wenn wir dann über Gleichmut meditieren – alle Lebewesen sind genau gleich im Hinblick darauf, dass sie Glück wollen und kein Leid – können wir lernen, die Extreme des riesigen Anhaftens an das eine und der riesigen Abneigung gegen das andere zu beseitigen. So können wir unseren Geist leicht ausgeglichen und gesund halten. Es gibt viele Menschen, die das so erlebt haben.

Die Psychologie des Buddha kann euch daher sehr dabei helfen, mit den Frustrationen umzugehen, die euer tägliches Leben stören.

Denkt daran: Wenn angenehme Gefühle entstehen, folgen Verlangen, Begierde und Anhaftung auf dem Fuß, wenn unangenehme Gefühle aufsteigen, erscheinen Abneigung und Hass, und wenn ihr euch neutral fühlt, ist euer Geist voller Unwissenheit und Blindheit der Wirklichkeit gegenüber. Wenn ihr durch diese Unterweisungen lernt, wie eure Gefühle in Wirklichkeit entstehen, und wie ihr darauf reagiert, wird euer Leben besser, und ihr erlebt Glück, Frieden und Freude.

Gibt es irgendwelche Fragen?

Fragen

Frage: Im Buddhismus spricht man immer von Karma. Was ist das?
Lama: Karma ist eure Erfahrung von Körper und Geist. Das Wort selbst kommt aus dem Sanskrit und bedeutet Handlung, und zwar im Sinne von Ursache und Wirkung. Eure Erfahrungen von geistigem und körperlichem Glück oder Leid sind die Wirkung bestimmter Ursachen, und diese Wirkungen werden wiederum zu Ursachen für zukünftige Wirkungen. Eine Handlung verursacht eine Reaktion, das ist Karma. Die Philosophien des Ostens und die westlichen Naturwissenschaften erklären gleichermaßen, dass alle materiellen Dinge miteinander in Beziehung stehen. Wenn ihr das versteht, versteht ihr, wie Karma funktioniert. Alles, was existiert, innen und außen, kommt nicht durch Zufall zustande, denn die Energien aller Phänomene in uns und außen hängen voneinander ab. Die Energie eures Körpers steht zum Beispiel in Beziehung zur Energie des Körpers eurer Eltern, und deren Körperenergie steht in Verbindung zum Körper ihrer Eltern und so weiter. Diese Art der Entwicklung ist Karma.

Frage: Was ist Nirvana, und erreichen das viele Menschen?
Lama: Wenn ihr eure Konzentrationskraft so weit entwickelt, dass ihr euren Geist in einsgerichteter Konzentration zu einem Ganzen

zusammenfassen könnt, werden die emotionalen Reaktionen eures Ichs allmählich nachlassen, bis sie schließlich ganz verschwinden. An diesem Punkt geht ihr über euer Ich hinaus und entdeckt einen anhaltend glückseligen und friedvollen Geisteszustand. Das wird Nirvana genannt. Viele Menschen haben diesen Zustand erreicht, und viele andere sind auf dem Weg dahin.

Frage: Wenn man Nirvana erreicht hat, hört man dann auf, in körperlicher Form zu existieren, verschwindet dann die Person?
Lama: Nein, man hat immer noch eine Form, aber diese hat kein unkontrolliertes Nervensystem mehr, so wie wir derzeit. Macht euch keine Sorgen. Wenn man Nirvana erreicht, existiert man immer noch, aber in einem Zustand des vollkommenen Glücks. Bemüht euch also, so schnell wie möglich Nirvana zu erreichen.

Frage: Hat Buddha nicht gesagt, dass er niemals mehr wiedergeboren wird, sobald er das Nirvana erreicht hat?
Lama: Vielleicht schon, aber was hat er damit gemeint? Er meinte damit, dass er keine unkontrollierte Wiedergeburt mehr erlebt, getrieben von der Energie des Ichs, so wie samsarische Wesen wiedergeboren werden. Stattdessen kann er sich mit perfekter Kontrolle wiederverkörpern, zu dem einzigen Zweck, den Lebewesen zu helfen.

Frage: Sie haben eine Menge über Vergnügen und Glück gesprochen, und ich versuche, mir über den Unterschied von beiden klar zu werden. Ist es das Gleiche? Kann man an Vergnügen hängen, aber nicht an Glück?
Lama: Das ist das Gleiche, und wir können an beidem hängen. Was wir anstreben sollten, ist die Erfahrung von Vergnügen ohne Anhaftung. Wir sollten uns an unserem Glücksgefühl erfreuen und dabei das Wesen des Subjekts, also unseres Geistes, sowie des Objekts und unserer Gefühle verstehen. Jemand, der Nirvana erreicht hat, kann das.

Frage: Können Sie mir bitte erklären, was im Buddhismus unter Meditation verstanden wird? Ist es richtig, wenn ich sie als »Beobachten des geistigen Geschehens« interpretiere?
Lama: Ja, so kann man das verstehen. Wie ich schon vorher gesagt habe, bedeutet buddhistische Meditation nicht unbedingt, dass man mit gekreuzten Beinen dasitzt und die Augen geschlossen hält. Wenn man einfach nur beobachtet, wie der Geist auf die Sinneswelt reagiert, während man beschäftigt ist – beim Gehen, Reden, Einkaufen, oder was auch immer man tut – dann kann das wirklich eine perfekte Meditation sein und gute Ergebnisse bringen.

Frage: Wenn man von Wiedergeburt spricht, was genau wird da wiedergeboren?
Lama: Wenn man stirbt, trennt sich das Bewusstsein vom Körper, geht in den Zwischenzustand ein und wird dann in eine neue körperliche Form hineingeboren. Das nennen wir Wiedergeburt. Die körperliche und die geistige Energie unterscheiden sich voneinander. Die körperliche Energie ist äußerst begrenzt, aber die geistige Energie existiert kontinuierlich weiter.

Frage: Ist es möglich, dass sich das Bewusstsein im Zustand nach dem Tode weiterentwickelt, oder kann es sich nur im Leben weiterentwickeln?
Lama: Im Todesprozess fließt das Bewusstsein weiter, wie Elektrizität aus einem Generator ständig durch verschiedene Häuser fließt zu verschiedenen Geräten und Dingen. So kann sich das Bewusstsein im Zwischenzustand weiterentwickeln.

Frage: Also braucht der Geist keinen materiellen Körper, um sich zu entwickeln?
Lama: Doch, es gibt einen Zwischenzustandskörper, aber der ist nicht wie unser Körper, sondern ein sehr leichter psychischer Körper.

Frage: Wenn Sie Mantras rezitieren, konzentrieren Sie sich manchmal auch auf Teile des Körpers oder konzentrieren Sie sich nur auf Ihren Geist? Kann man sich auch auf die Chakren, auf die Energiezentren, konzentrieren?
Lama: Das ist möglich, aber ihr dürft nicht vergessen, dass es unterschiedliche Methoden für unterschiedliche Zwecke gibt. Denkt nicht, dass Buddha nur eine Sache gelehrt hat. Im Buddhismus gibt es Tausende und Abertausende, vielleicht sogar unzählige Meditationsmethoden, die alle gelehrt wurden, weil sie zu den unterschiedlichen Fähigkeiten und Neigungen der unendlich vielen einzelnen Lebewesen passen.

Frage: Ist das Bewusstsein, das sich während des Lebens entwickelt und den Körper verlässt, wenn wir sterben, Teil eines höheren Bewusstseins? Ein Teil von Gott oder des universellen Bewusstseins?
Lama: Nein, es ist ein sehr gewöhnlicher, einfacher Geist, und der ist eine direkte Fortsetzung unseres jetzigen Geistes. Der Unterschied ist, dass er sich vom alten Körper getrennt hat und einen neuen sucht. Dieser Geist des Zwischenzustandes ist unter der Kontrolle des Karma, und er ist unruhig, von Konflikten geplagt und verwirrt. Man kann ihn auf keinen Fall als einen höheren oder gar höchsten Geist bezeichnen.

Frage: Sind Sie vertraut mit dem hinduistischen Konzept von Atman und Brahman?
Lama: Die hinduistische Philosophie nimmt eine Seele *(atman)* an, der Buddhismus tut das nicht. Wir lehnen die Existenz eines aus sich heraus existierenden Ichs oder einer beständigen, unabhängigen Seele völlig ab. Jeder Aspekt unseres Körpers und Geistes ist unbeständig und verändert sich immerzu. Die Buddhisten lehnen auch die Vorstellung einer dauerhaften Hölle ab. Jeder Schmerz und jedes Vergnügen, das wir erfahren, ist stets im Fluss, es ist flüchtig und unbeständig, verändert sich immerzu und dauert niemals an.

Wenn wir begreifen, dass es in der Natur unserer Existenz liegt, nie zufrieden zu sein, und dann der Welt entsagen, in der vergängliche Sinnesobjekte mit vergänglichen Sinnesorganen in Kontakt treten, um vergängliche Gefühle zu schaffen, von denen keines es wert ist, sich daran zu klammern, dann suchen wir stattdessen die immerwährenden, ewig friedvollen Verwirklichungen der Erleuchtung oder des Nirvana.

Frage: Denken Sie, dass Rituale für einen westlichen Menschen, der sich mit buddhistischen Übungen befasst, genauso wichtig sind, wie für einen Asiaten, dem das liegt?
Lama: Das hängt davon ab, was du damit meinst. Die buddhistische Meditation braucht keine materiellen Dinge. Das einzige, worauf es da ankommt, ist der Geist. Man braucht keine Glocke zu läuten oder mit irgendetwas herumzuwedeln. Ist es das, was du mit Ritual meinst? (Ja.) Gut. Dann brauchst du dir keine Sorgen zu machen, und das gilt gleichermaßen für den Osten wie für den Westen. Trotzdem brauchen manche Menschen diese Dinge. Unterschiedliche Menschen brauchen unterschiedliche Methoden. Du zum Beispiel trägst eine Brille. Sie ist nicht das Allerwichtigste, aber manche Menschen brauchen eben eine Brille. Aus demselben Grund lehren die unterschiedlichen Weltreligionen unterschiedliche Wege, die den individuellen Fähigkeiten und Entwicklungsstufen ihrer zahlreichen und unterschiedlichen Anhänger entsprechen. Deswegen kann man nicht sagen: »Das ist der einzig wahre Weg. Jeder sollte meinem Weg folgen.«

Frage: Braucht man heutzutage neue Übungsmethoden für den Westen?
Lama: Nein, man braucht keine neuen Methoden. Die Methoden sind schon alle vorhanden, man muss sie nur entdecken.

Frage: Ich versuche, die Beziehung zwischen Geist und Körper im Buddhismus zu verstehen. Ist der Geist wichtiger als der Körper? Tantrische Mönche zum Beispiel, die mit Obertönen singen, schulen

offensichtlich einen Teil ihres Körpers, um zu singen. Wie wichtig ist also der Körper?
Lama: Der Geist ist das Wichtigste, aber es gibt einige Meditationsübungen, die durch bestimmte körperliche Yoga-Übungen ergänzt werden. Umgekehrt kann der Geist Schaden nehmen, wenn der Körper krank ist. Deshalb ist es auch wichtig, den Körper gesund zu erhalten. Wenn man sich aber nur mit dem Körper beschäftigt und den eigenen Geist nicht wirklich untersucht, dann ist das auch nicht klug; es ist unausgewogen und nicht realistisch. Ich glaube, wir sind uns einig, dass der Geist wichtiger ist als der Körper, aber gleichzeitig dürfen wir den Körper nicht ganz vergessen. Ich habe Westler gesehen, die nach Asien kamen, um Belehrungen zu hören, und wenn sie von tibetischen Yogis erfahren, die ohne Nahrung hoch in den Bergen leben, dann denken sie: »Das ist fantastisch. Ich möchte so sein wie Milarepa.« Das ist ein Fehler. Wenn man im Westen geboren wurde, ist der Körper an bestimmte Bedingungen gewöhnt, und deshalb muss man eine förderliche Umgebung schaffen, um ihn gesund zu erhalten. Man kann nicht auf den Himalaya-Trip gehen. Seid weise, nicht extrem.

Frage: Stimmt es, dass der Geist eines Neugeborenen rein und unschuldig ist?
Lama: Wie wir alle wissen, ist der Geist, wenn wir geboren werden, noch nicht allzu sehr beschäftigt mit intellektuellen Komplikationen. Aber wenn man älter wird und mit dem Denken anfängt, wird man vollgestopft mit sehr vielen Informationen und Ansichten: »Dies und das, und das ist gut, und das ist schlecht. Ich muss das alles haben, und das sollte ich nicht haben.« Man denkt zu viel und füllt seinen Geist mit Müll. Das macht den Geist mit Sicherheit sehr viel schlimmer. Das bedeutet jedoch nicht, dass man absolut rein geboren wurde und erst mit der Entwicklung des Verstandes negativ wurde. Das ist nicht damit gemeint. Warum nicht? Weil der Müll, der auf uns einströmt, nicht einsickern könnte, wenn wir grundsätzlich frei von Unwissenheit und Anhaftung wären. Leider sind wir das nicht.

Wir sind nicht nur grundsätzlich sehr offen für allen möglichen geistigen Müll, der auftaucht, wir haben sogar ein großes Willkommensschild dafür aufgestellt. So sammelt sich in jedem Augenblick mehr Müll in unserem Geist an. Man kann also nicht sagen, dass Kinder mit einem völlig reinen Geist geboren werden. Das ist falsch. Babys schreien, weil sie Gefühle haben. Wenn ein unangenehmes Gefühl aufsteigt, vielleicht weil sie Muttermilch haben wollen, dann weinen sie.

Frage: Es gibt also die Vorstellung von einem Bewusstsein, das von Körper zu Körper geht, von Leben zu Leben, aber wenn es eine Kontinuität von Bewusstsein gibt, warum erinnern wir uns nicht an frühere Leben?
Lama: In unserem Geist drängeln sich zu viele Supermarktinformationen, und die sorgen dafür, dass wir die früheren Erfahrungen vergessen. Selbst die Naturwissenschaftler sagen, dass das Gehirn begrenzt ist, und dass neue Informationen die alten unterdrücken. Das sagen sie, aber das ist nicht ganz richtig. Was wirklich geschieht, ist, dass der menschliche Geist meist unbewusst, unwissend und so beschäftigt mit neuen Erfahrungen ist, dass er die alten vergisst.

Schaut euch den vergangenen Monat an. Was genau ist geschehen? Was für Gefühle hattet ihr an jedem einzelnen Tag? Ihr könnt euch nicht erinnern, nicht wahr? Wenn ihr so immer weiter zurückgeht und das überprüft, rückwärts in der Zeit, bis zu dem Punkt, als ihr nur ein paar Zellen im Leib eurer Mutter wart, und sogar noch weiter zurück, ist das sehr schwierig, nicht wahr? Aber wenn ihr solche Überlegungen anstellt und langsam und kontinuierlich immer wieder euren Geist überprüft, dann könnt ihr euch vielleicht mehr und mehr an eure früheren Erfahrungen erinnern. Viele von uns kennen das: Wir reagieren sehr seltsam auf etwas, was wir erleben. Wir sind erstaunt über unsere Reaktionen, die nichts mit irgendeiner Erfahrung aus diesem Leben zu tun zu haben scheinen: »Das ist ja komisch. Warum habe ich so reagiert? Ich habe keine Ahnung, woher das kommt.« Das geschieht, weil es mit einer Erfahrung aus einem früheren Leben zu tun hat. Die moderne Psychologie kann solche Reaktionen nicht erklären, weil sie geistige Kontinuität nicht versteht, die anfanglose Natur des Geistes von jedem Einzelnen. Sie versteht nicht, dass geistige Reaktionen von Impulsen kommen können, die vor Tausenden von Jahren angelegt wurden. Aber wenn ihr euren Geist immer wieder durch Meditation erforscht, werdet ihr das vielleicht anhand eurer eigenen Erfahrung verstehen.

Frage: Könnte es negativ sein, etwas über frühere Leben herauszufinden? Könnte es uns in Unruhe versetzen?
Lama: Nun, es könnte beides sein, eine positive oder eine negative Erfahrung. Wenn ihr euch über eure früheren Leben im Klaren seid, wird es positiv sein. Unruhe kommt durch Nichtwissen. Ihr solltet versuchen, das wahre Wesen der Negativität zu erkennen. Wenn ihr das macht, dann ist das Problem gelöst. Deswegen ist das richtige Verständnis die einzige Lösung für beides, für körperliche und für geistige Probleme. Man sollte immer sehr sorgfältig prüfen, wozu man seine Energie gebraucht. Macht es mich glücklich oder nicht? Das ist eine große Verantwortung, meint ihr nicht auch? Es ist eure Wahl: der Weg der Weisheit oder der Weg des Nichtwissens.

Frage: Was bedeutet Leiden?
Lama: Geistige Aufregung ist Leiden. Unzufriedenheit ist Leiden. In der Tat ist es sehr wichtig, die verschiedenen subtilen Ebenen von Leiden zu verstehen, sonst sagen die Leute: »Warum sagt der Buddhismus, dass jeder leidet? Ich bin glücklich.« Als Buddha über das Leiden sprach, meinte er nicht nur den Schmerz, der durch eine Wunde entsteht, oder die geistige Angst, die wir oft erleben. Wir sagen, dass wir glücklich sind, aber wenn wir unser Glück etwas näher untersuchen, merken wir, dass unser Geist immer noch sehr unzufrieden ist. Vom buddhistischen Standpunkt aus bedeutet allein schon die Tatsache, dass wir unseren Geist nicht kontrollieren können, geistiges Leiden, und in der Tat ist das schlimmer als die verschiedenen körperlichen Leiden, die wir erleben. Daher wird die

geistige Ebene mehr betont als die körperliche, wenn im Buddhismus über Leiden gesprochen wird. Und deshalb sind die buddhistischen Lehren, praktisch gesprochen, im Grunde angewandte Psychologie. Der Buddhismus lehrt das Wesen des Leidens auf der geistigen Ebene, und die Methoden, wie man es überwinden kann.

Frage: Warum erfahren wir alle Leid, und was lernen wir daraus?
Lama: Das ist einfach. Warum leiden wir? Weil wir zu sehr aus Unwissenheit heraus handeln und mit Anhaftung nach den Dingen greifen. Wir lernen aus dem Leiden, wenn wir erkennen, woher es kommt, und was es genau ist, das uns leiden lässt. In unseren unendlich vielen früheren Leben haben wir so viele Erfahrungen gemacht, aber das haben wir immer noch nicht gelernt. Viele Menschen denken, dass sie aus ihren Erfahrungen lernen, aber sie tun es nicht. Es gibt unendlich viele frühere Erfahrungen in ihrem Unbewussten, aber sie wissen immer noch nichts über ihre eigene wahre Natur.

Frage: Warum haften wir an?
Lama: Weil wir halluzinieren. Wir sehen weder die Wirklichkeit des Subjekts noch die des Objekts. Wenn wir das Wesen eines Anhaftungsobjekts verstehen, dann verschwindet der subjektive Geist der Anhaftung von alleine. Es ist der vernebelte Geist, der uns leiden lässt, der Geist, der von einem Objekt angezogen wird und diesbezüglich eine verzerrte Projektion entwickelt. Das ist alles. Es ist wirklich ganz einfach.

Frage: Ich habe tibetische Bilder von zornvollen Gottheiten gesehen, und sie sahen nicht böse aus, selbst wenn sie grimmig dreinschauten. Deswegen möchte ich gerne wissen, ob Buddhismus das Böse und Schlechte betont oder nicht?
Lama: Der Buddhismus betont niemals die Existenz eines äußeren Bösen. Das Böse ist eine Projektion eures Geistes. Wenn das Böse existiert, dann ist es in euch. Es gibt kein äußeres Böses zu fürchten. Zornvolle Gottheiten sind Ausstrahlungen erleuchteter Weisheit,

und sie sollen den Menschen helfen, die eine Menge unkontrollierten Ärger haben. In der Meditation verwandelt die ärgerliche Person ihren Ärger in Weisheit, die dann als zornvolle Gottheit visualisiert wird. So wird die Energie des Ärgers durch die Weisheit verdaut. Damit ist kurz beschrieben, wie die Methode funktioniert.

Frage: Was halten Sie von einer Person, die jemand anderen aus Notwehr tötet? Meinen Sie, dass Menschen das Recht haben, sich selbst zu schützen, selbst wenn es den Angreifer das Leben kostet?
Lama: In den meisten Fällen, wenn aus Notwehr getötet wird, geschieht das aus unkontrolliertem Ärger heraus. Man soll sich selbst schützen, so gut man kann, ohne den anderen zu töten. Wenn du mich zum Beispiel angreifst, dann ist es meine Verantwortung, mich zu schützen, aber ohne dich zu töten.

Frage: Wenn töten die einzige Möglichkeit wäre, mich zu stoppen, würden Sie es dann tun?
Lama: Dann wäre es besser, wenn du mich töten würdest.

Gut, wenn es keine weiteren Fragen gibt, will ich euch nicht länger aufhalten. Vielen Dank für alles.

Christchurch, Neuseeland, 14.Juni 1975

Teil Zwei:
Ein stiller Geist findet Frieden

Einführung des Herausgebers

Mit Freude übergebe ich Ihnen die vierte Gratisveröffentlichung des LAMA YESHE WISDOM ARCHIVS mit Vorträgen von Lama Yeshe. Ich bin mir sicher, wir werden dieselben Schwierigkeiten haben, diesen Titel vorrätig zu halten, wie bei unseren früheren Veröffentlichungen *Becoming Your Own Therapist, Make Your Mind an Ocean* und *The Essence of Tibetan Buddhism.* Alle wurden in letzter Zeit neu aufgelegt, die beiden ersten in einer zusammengefassten Ausgabe. Mit *The Peaceful Stillness of the Silent Mind* gibt es nun insgesamt mehr als 150.000 Broschüren von Lama Yeshe, die wir gratis veröffentlicht haben. Darüber können wir uns alle freuen. Unser tiefster Dank gilt allen, die das ermöglicht haben.

Die sechs Vorträge, die hierin enthalten sind, stammen von Lama Yeshes Besuch in Australien im Jahre 1975. Die ersten drei waren zusammenhängende Abendvorträge, die Lama in der Universität Melbourne hielt. Am dritten Abend meinte er, die Leute hätten ihn genug reden gehört, und er bot ihnen stattdessen eine geleitete Meditation an. Wir haben die Pausen im Text deutlich gemacht und schlagen vor, dass Sie nach jedem Absatz ein paar Minuten innehalten und darüber nachdenken, was Lama gesagt hat, denn das war seine Absicht.

Die letzten drei Unterweisungen sind öffentliche Vorträge, die in Sydney gehalten wurden. Auch sie sind voller Liebe, Einsicht, Weisheit und Mitgefühl, und die Frage-und-Antwort-Phasen, die Lama so sehr liebte, waren wie immer dynamisch und aufschlussreich. Wir hoffen, dass ihre Freude beim Lesen mindestens so groß ist wie unsere beim Publizieren.

Wieder einmal bedanke ich mich bei Wendy Cook und Linda Gatter für ihre liebenswürdigen und hilfreichen Vorschläge zum Lektorat.

Dr. Nicholas Ribush
2004

4 *Buddhismus: Für jeden etwas*

Manche Leute meinen, sie wüssten alles über den Buddhismus und die Buddhisten, nur weil sie ein paar Bücher darüber gelesen haben. Sie nehmen eins zur Hand mit der Einstellung: »Mal sehen, was dieses Buch zu bieten hat. Nun, die Buddhisten scheinen ziemlich extrem zu sein. Sie glauben an alle möglichen seltsamen Dinge.« Dann nehmen sie das nächste Buch: »Meine Güte, Buddhisten sind ja völlig nihilistisch.« Sie ziehen alle möglichen falschen Schlüsse aus sehr begrenzten Informationen. Sie sehen nie das Ganze. Das ist sehr gefährlich.

Vielleicht haben sie etwas über die Madhyamaka-Schule der buddhistischen Philosophie gelesen, die für ihren strikt intellektuellen Zugang zu Leerheit als letztendlicher Natur der Wirklichkeit bekannt ist. Sie ist nur sehr schwer zu verstehen. Das kann zum Schluss führen: »Oh, Buddhisten sind nicht religiös, sie sind Atheisten. Sie glauben an gar nichts. Sie meinen, dass nichts wirklich existiert. Wie können sie sich da für religiös halten?« Auch das kann sehr gefährlich sein.

Andere Leute ziehen vielleicht den Schluss: »Menschenskind! Buddhisten glauben an drei Götter. Buddha ist ein Gott, Dharma ist ein Gott, und Sangha ist der dritte. Die sind ja supergläubig. Das ist mir zu viel. Im Westen haben wir keine drei Götter, nur einen einzigen. Wir sind religiös, aber wir haben nur den einen Gott. Wir können uns mit den Buddhisten nicht darüber einigen, wie viele Götter es gibt.«

Wenn ihr nur einen kleinen Aspekt des Buddhismus anschaut, ist euch das wahrscheinlich zu viel auf einmal, denn der Buddhismus beschäftigt sich nicht nur mit ein oder zwei Kleinigkeiten, seine Philosophie ist alles andere als unbedeutend. Der Buddha erklärte das Wesen jedes einzelnen Phänomens im Universum.

Inzwischen habe ich neun oder zehn Jahre Erfahrungen damit gesammelt, wie man euch Menschen aus dem Westen buddhistische Philosophie nahe bringt, und ich habe ausprobiert, wie sie sich mit eurem Geist verträgt.

In den einmonatigen Meditationskursen im Kloster Kopan in Nepal versuchen wir, so ziemlich alle Aspekte abzudecken und zu erklären. Es hat sich allerdings gezeigt, dass die Schüler völlig ausrasten, wenn wir zu viel über negative Aspekte reden. Natürlich rasten nicht alle aus, aber viele. Sie sagen: »Die Lamas betonen das Negative zu sehr. Warum reden sie nicht mehr über das Positive? Im Buddhismus geht es doch nicht nur um Verblendung und Leid. Warum lehren sie uns Tag für Tag dieses negative Zeug?«

Aber mit dem Buddhismus verhält es sich so: Bevor ihr euch auf den positiven Pfad zur Befreiung begebt, in Richtung Erleuchtung oder näher hin zu Gott, wenn ihr es so nennen wollt, müsst ihr wissen, wie der negative Geist funktioniert.

Wenn ihr nicht wisst, wie die Extreme der Überschätzung und Unterschätzung in euch funktionieren, wie wollt ihr dann eure Handlungen korrigieren und euch auf den richtigen Pfad begeben? Deswegen ist es unerlässlich, dass ihr eure negativen Aspekte, die negativen Aspekte eures Wesens kennt. In der Tat werdet ihr euch sehr wohl fühlen, wenn ihr erst einmal die Entwicklung des negativen Geistes versteht. Wenn euch nicht klar ist, wie er funktioniert, haltet ihr am Ende negative Handlungen für positiv.

Wenn ihr den Weg zur Befreiung geht, ohne eine solide Grundlage, ohne das positive und negative Denken zu kennen, kann euch die einfache Frage, was ihr denn eigentlich macht, vollkommen ins Schleudern bringen. Vielleicht bringt euch das dann ganz durcheinander, und ihr gebt auf. Das ist ein Symptom eines schwachen Geistes. Ihr müsst das Ganze sehen, die Entwicklung von negativen *und* positiven Geisteszuständen.

Manche Leute halten den Buddhismus für eine nette Religion. Es wird immer diplomatisch und nett über heilige Dinge gesprochen.

Wenn wir Anfänger im Buddhismus unterweisen, reden wir nicht gleich über heilige Dinge. Zuerst erklären wir die grundlegende Natur unseres derzeitigen Geisteszustands. Wir reden über das, was bei uns auf der Erde, im Hier und Jetzt vor sich geht. Wir beschäftigen uns zunächst nicht mit dem Buddha oben auf dem Thron.

Trotzdem möchte ich jetzt an dieser Stelle etwas über das Wesen des Buddha sagen. Wie bereits erwähnt, glauben manche Leute, die nicht viel über Buddhismus wissen, dass Buddhisten drei Götter anbeten. Das Christentum und andere Religionen sagen dagegen, dass es nur einen Gott gibt. Wenn ihr allerdings die wahre Natur von Buddha, Dharma und Sangha versteht, wisst ihr, dass es da keinen Unterschied gibt. Buddha ist Buddha, Buddha ist Dharma, und Buddha ist Sangha. Buddha, Dharma und Sangha als letztendliche Zuflucht zu akzeptieren, widerspricht nicht dem Prinzip des Einen Gottes.

Dann gibt es andere, die den Buddhismus für eine intellektuelle Philosophie halten, die religiöse Praktiken ausschließt. Das stimmt so auch nicht. Der Buddhismus hat sowohl eine intellektuelle Philosophie als auch religiöse Praktiken. Als der Buddha seine Schüler unterwies, lehrte er Individuen, und er gab jedem einzelnen, was er brauchte. Wenn er Lösungsmöglichkeiten für negative Geisteszustände aufzeigte, empfahl er unterschiedliche Methoden, da sich der negative Geist der einen Person grundsätzlich von dem der anderen unterscheidet. Manchmal sagte er: »Ja, das existiert«, ein andermal »Nein, das existiert nicht«, je nachdem, auf welchem Entwicklungsstand sich der Geist der entsprechenden Person befand.

Jemand, der nicht genug darüber weiß, denkt vielleicht, dass Buddha verwirrt war, und dass sich seine Erklärungen widersprechen. Aber der Ehrwürdige Buddha war nicht verwirrt. Er war ein weiser Lehrer. Er erkannte, dass der Geist unterschiedlicher Menschen unterschiedliche Probleme hat und daher auch unterschiedliche Lösungen braucht. Ein guter Arzt rät zum Beispiel einem Patienten mit Fieber, ein paar Tage lang nichts zu essen. Später soll er dann wieder etwas essen. Jemand, der nicht viel davon versteht, sagt vielleicht: »Der Arzt ist durcheinander. Heute sagt er, ich soll nichts essen, dann wieder sagt er, dass ich etwas essen soll.« In Wirklichkeit ist der Arzt aber sehr weise. Er kennt die Entwicklung der Krankheit des Patienten, und darum verschreibt er zu unterschiedlichen Zeiten unterschiedliche Behandlungen.

Buddha war ein unübertroffener Arzt und behandelte seine Schüler genauso. Er lehrte die Lebewesen nach ihrem geistigen Zustand. Man kann Leuten mit einem total verwirrten Geist nicht plötzlich intellektuelle Feinheiten des erleuchteten Geistes lehren. Sie haben noch einen weiten Weg vor sich. Erst müssen sie Dinge lernen, die ihr unentwickelter Geist verdauen kann. Selbst wenn der Ehrwürdige Buddha höchstpersönlich euch Dinge lehren würde, die ihr nicht verarbeiten könnt, würdet ihr ausflippen. Statt Nutzen daraus zu ziehen, würdet ihr verrückt werden.

Schon bevor der Buddhismus nach Tibet kam, gab es viele buddhistische Schulrichtungen, Lehrmeinungen und Philosophien. Es gibt sie immer noch. Grundsätzlich widersprechen sie sich in keiner Weise. Sie sollen dem menschlichen Geist bei seiner Entwicklung helfen. Es ist in der Tat so, dass alle diese Lehren und Philosophien der systematischen Entwicklung des individuellen Geistes dienen.

In der einfachsten Schulrichtung der buddhistischen Philosophie lehrt der Ehrwürdige Buddha, dass Phänomene aus sich heraus existieren. Auf der nächsten Stufe lehrt er, dass sie nicht ausschließlich aus sich heraus existieren. Die Phänomene sind zusammengesetzt, und etwas stammt von Seiten des Objekts und etwas vom Geist. Letztendlich lehrt er, dass gar nichts von Seiten des Objektes kommt. Ein Phänomen existiert nur dem Namen nach.

Diese unterschiedlichen Ebenen und die Vielzahl der Ansätze zur systematischen Entwicklung des menschlichen Geistes findet ihr kaum in anderen Religionen. Im Buddhismus bekommt ihr als Anfänger bestimmte Übungen. Wenn sich euer Geist durch diese Übungen etwas entwickelt hat, bekommt ihr die Übungen der nächsten

Stufe. Habt ihr diese gemeistert, geht es weiter zu den fortgeschrittenen Methoden. Auf diese Art verwandeln sich euer Verständnis und eure Wahrnehmung Schritt für Schritt. Der Buddhismus ist da sehr genau. Wer auch immer ihr seid, ihr könnt spezifische philosophische Erklärungen und Praxismethoden für euren individuellen Entwicklungsstand finden.

Im Westen nehmen wir ein Buch zur Hand und denken: »Oh, das hört sich gut an. Dieses Buch gefällt mir. Diese Meditation übe ich jetzt.« Aber obwohl sich das, was da steht, gut anhört und euch die Ideen gefallen, könnt ihr das nicht in euren Geist integrieren, wenn ihr nicht so weit seid. Wenn ihr es trotzdem versucht, denkt ihr vielleicht: »Oh, diese Methode funktioniert nicht.« Es liegt aber nicht an der Methode. Es liegt daran, dass ihr etwas anzuwenden versucht, für das ihr noch nicht reif seid. Ihr wisst nicht, wie ihr diese Idee in euren Geist und eure Erfahrungen integrieren sollt. Das ist das Problem.

In jedem Buch der Welt gibt es schöne Ideen. Die Frage ist, was diese schönen Ideen mit eurem Geist zu tun haben. Wie setzt ihr sie im Alltag um? Wenn ihr das könnt, macht die Übung Sinn. Euer Geist wird weich und sanft, ruhig und friedlich, und eurer Leben wird glücklicher. Ihr fangt an, den Honig des Dharma zu kosten. Sonst gibt es keinen Honig, nur Coca Cola. Zu viel Cola, zu viel Gas. Man kann nicht schlafen und muss dauernd auf die Toilette. Das war ein Witz! Ich rede hier nicht vom Körper, das ist ein Beispiel für den Geist. Alle Aspekte der buddhistischen Philosophie und Praxis dienen ausschließlich der psychologischen Weiterentwicklung des menschlichen Geistes.

Der Ehrwürdige Buddha entwickelte keine unklare Philosophie, bloß damit er dann stolz sagen konnte: »Das ist meine Lehre.« Er hat kein einziges philosophisches Argument entwickelt, das nicht in Bezug zum menschlichen Geist steht oder in den persönlichen Erfahrungsschatz, in die eigene Perspektive integriert werden kann. Deswegen müsst ihr mit jedem Urteil nach dem Motto »der Buddhismus ist so oder so«, vorsichtig sein. Vielleicht geht ihr nach diesem Vortag nach Hause und erzählt den Leuten, dass »der Buddhismus dies oder das ist, weil dieser tibetische Lama es so gesagt hat«. Glaubt bitte nicht, dass ich euch heute alles über den Buddhismus erzählt habe. Ich habe kaum an der Oberfläche gekratzt.

Die verschiedenen Schulen der buddhistischen Philosophie sind als Stufenweg angeordnet, und es gibt mehrere Ebenen für unterschiedlich entwickelte Individuen. Wie könnt ihr nun feststellen, ob ein bestimmtes Buch, das ihr euch ausgesucht habt, zu eurem individuellen Geist passt? Selbstverständlich sind in Buddhas Lehren Methoden für jeden einzelnen von uns enthalten. Wenn ihr euch auskennt, könnt ihr euch sicherlich ein Buch aussuchen, das euch entspricht. Im Buddhismus gibt es für alle etwas, das sie verstehen und umsetzen können. Es gibt nichts, das so schwierig wäre, dass es niemand verstehen könnte. Der Buddha gab präzise Unterweisungen, die von einzelnen je nach ihrem geistigen Entwicklungsstand verstanden werden können: unterschiedliche Methoden, unterschiedliche Ansichten, unterschiedliche Philosophien und unterschiedliche Unterweisungen.

Der Ehrwürdige Buddha gab zum Beispiel eine allgemeine Unterweisung darüber, wie Karma in unserem alltäglichen Leben funktioniert. Das könnt ihr auch ohne einen besonders geschulten Verstand verstehen. In seiner ersten Unterweisung, den Vier Edlen Wahrheiten, erklärt er Karma auf ganz einfache Art. Zuallererst erläutert er, was wahres Leiden ist. Das macht doch Sinn, nicht wahr? Wenn euch jemand euren ganz persönlichen aufgewühlten Geist beschreibt – wie Dinge kommen und gehen, und welche Auswirkungen das hat – wie könnt ihr das mit: »Oh, das ist mir zu hoch!« zurückweisen? Unmöglich. Wie könnt ihr es ablehnen, wenn euch jemand korrekt und bis ins kleinste Detail beschreibt, wie euer aufgewühlter Geist funktioniert? Wenn euch jemand eine perfekte Erklärung liefert, warum euer Geist an jedem einzelnen Tag eures Lebens in Konflikt mit sich selber ist, weil er gespalten ist und nicht als Einheit funktioniert, wie könnt ihr da sagen, das sei zu schwer zu verstehen?

Wir versuchen nicht, Anfängern die Feinheiten der Madhyamaka-Philosophie beizubringen. Wir merken sofort, wer für die Unterweisungen über Leerheit bereit ist und wer nicht. Stattdessen können wir Anfängern etwas über die Probleme erzählen, denen sie tagtäglich gegenüberstehen. Wir können ihnen die Wahrheit vom Leiden so erklären, dass sie begreifen, wie ihre Alltagswirklichkeit entsteht.

In der Tat sprach der Ehrwürdige Buddha auf vielerlei Art über menschliches Leid und über den aufgewühlten Geist. Einigen Leuten gab er ganz einfache Erklärungen. Anderen wiederum mit einem geschärften Verstand bot er eher subtile und technische Erläuterungen an. Sogar wie er das Wesen des Leidens lehrte, ist fantastisch, er führte auf so viele unterschiedliche Weisen in dieses Thema ein. Ist das nicht erstaunlich? Wie könnt ihr die Existenz eures aufgewühlten Geistes leugnen? »Ich glaube nicht, dass ich einen aufgewühlten Geist habe, davon will ich nichts hören.« Wie könnt ihr seine Existenz leugnen? An jedem einzelnen Tag eures Lebens seid ihr in eurem Körper eingesperrt, und ihr müsst damit klarkommen. Wenn euch jemand die Biologie des menschlichen Körpers genau erklärt, könnt ihr die denn leugnen?

Vielleicht behauptet ihr, dass ihr gar keinen aufgewühlten Geist habt. In diesem Fall empfehle ich, doch einmal zu beobachten, wie es euch geht, wenn ihr morgens aufsteht. Seid nur für einen Tag einmal achtsam, dann merkt ihr es. Ihr braucht nicht einmal einen ganzen Tag dazu. Versucht einmal, nur für eine Stunde mit gekreuzten Beinen still zu sitzen. Der Schmerz in den Knien ist vergänglich, der aufgewühlte Geist dagegen arbeitet und arbeitet und arbeitet, Tag und Nacht, über Monate und Jahre. Er hört nie auf.

Das Sanskrit-Wort für die Lehren des Buddha ist »Dharma«, und Dharma bedeutet Medizin. So wie es für körperliche Gebrechen die entsprechende Medizin gibt, hat der Ehrwürdige Buddha für jede mentale Störung eine spezifische Methode verschrieben. So hat er gelehrt. Er hat nicht einfach jedem dieselben Lehren aufgetischt, ohne in Betracht zu ziehen, wen er vor sich hatte und unter welchem

Problem er litt. Deshalb könnt ihr nicht einfach sagen: »So ist der Buddhismus.« Dharma ist kein Einheitsbrei.

Wie bereits erwähnt, gibt es verschiedene Schulen des buddhistischen Denkens. Die zwei Hauptrichtungen sind das Hinayana und das Mahayana. Das Mahayana wiederum ist aufgeteilt in das Paramitayana und das Vajrayana, auch Tantrayana genannt. Im Tantrayana oder Tantra gibt es auch mehrere Richtungen. Im Grunde sind es vier, jede mit ihren eigenen spezifischen Methoden. Darauf kann ich jetzt aber nicht näher eingehen. Trotzdem ist es für euch wichtig zu wissen, dass ein gut organisierter Stufenweg existiert, mit dessen Hilfe ihr euren Geist Schritt für Schritt bis hin zur Erleuchtung entwickeln könnt. Da der tibetische Buddhismus in diesen Breitengraden noch nicht fest verankert ist, erwähne ich das nur zu eurer Information.

Zum Beispiel gibt es heutzutage ja recht fortschrittliche Verkehrsmittel wie schnelle Autos und Flugzeuge. Das heißt aber nicht, dass Fahrräder damit überflüssig geworden sind. Die Entwicklung der Verkehrsmittel begann mit einfachen Pferdewagen, danach kamen die Autos, dann die Flugzeuge und nun gibt es Mondraketen und so weiter. Bald wird es etwas geben, das sogar die Raketen übertrifft. Glaubt nicht, dass sie bereits der Höhepunkt menschlicher Erfindungskunst sind. Es gibt keine Obergrenze für die Entwicklung des menschlichen Geistes. Heute hat jeder einen Fernseher. Wenn ihr vor nur ein paar Jahrzehnten jemandem einen Fernseher beschrieben hättet, hätten die Leute so etwas nicht für möglich gehalten. Die meisten Leute haben heute ein Auto, zumindest in den reicheren Ländern. Mit der Zeit haben diese Leute vielleicht ihr eigenes Flugzeug. Ihr meint, das sei unmöglich? Aber warum denn? Diese Dinge sind materielle Phänomene, und wenn der menschliche Geist sich in diese Richtung bemüht, kann das durchaus Wirklichkeit werden. Das ist nichts Übernatürliches, es ist nur einfach noch nicht passiert.

Bei den materiellen Dingen gibt es unterschiedliche Entwicklungsstufen, und die älteren Modelle oder Versionen stehen nicht im Konflikt mit den neueren. Damit will ich sagen: Mit den Philosophien, Lehrmeinungen, Blickwinkeln und Methoden in Buddhas Lehren verhält es sich genauso.

Wenn ihr glaubt, dass nur die materielle Welt, die ihr mit euren Sinnen wahrnehmen könnt, existiert, und dass es unmöglich ist, all das zu verwirklichen, was ihr euch vorstellen könnt, und es als reine Spekulation betrachtet, dann ist das lächerlich. Sogar der Erfinder der Raketen hatte zuerst ein inneres Bild der Rakete, bevor er es umsetzen konnte. Zuerst hat er sich die Rakete vorgestellt, dann hat er die materiellen Voraussetzungen für die Herstellung geschaffen, und dann entstand die Rakete. Es wäre unmöglich gewesen, eine Rakete zu bauen, ohne sie sich zuerst einmal vorzustellen. Ihr begreift, dass alle diese modernen Erfindungen aus der Kraft des menschlichen Geistes entstehen. Glaubt daher lieber nicht, dass Träume nie wahr werden. Es ist möglich.

Vielleicht ist das für heute genug. Grundsätzlich enthält der Mahayana-Buddhismus viele Methoden und Techniken. Wir brauchen jede einzelne für die Entwicklung des menschlichen Geistes. Ich gehe an dieser Stelle nicht ins Detail, aber wenn ihr irgendwelche Fragen habt, beantworte ich sie gerne.

Fragen

Frage: Ich möchte gerne etwas über Reinkarnation wissen. Manche Esoteriker glauben, dass man, wenn man in einem Land im Westen geboren ist, dort bestimmte Dinge zu lernen hat. Eine Lehre aus dem Osten zu übernehmen ist danach ein Rückschritt, weil man ja schon viele Male im Osten gelebt hat. Das ist vielleicht eine dumme These, aber es gibt Leute, die dieser Ansicht sind. Was halten Sie davon?
Lama: Nun, das ist eine gute Frage, nehme ich an! Welchen Schluss ziehst du denn selber daraus? Dass die, die im Westen geboren wurden, die höher entwickelten Menschen sind, und dass die Beschäftigung mit einer östlichen Philosophie sie zurück in das Reich der Tiere befördert? So hört sich das an. Es ist aber eine gute Frage: Es gibt Leute, die so denken. Und ich weiß, dass es durchaus Leute gibt, die

sagen: »Ich kann den westlichen Lebensstil nicht länger ertragen. Ich gehe in den Osten.« Diese Person ist zu extrem. Den Westen abzulehnen und sich mit so einer Haltung dem Osten anzunähern, kann als Rückschritt in den Bereich der Tiere betrachtet werden. Aber eine andere Person im Westen denkt vielleicht: »Ich habe alles, was ich brauche. Ich habe eine gute Ausbildung, eine Frau und Familie, einen guten Job, ein Haus, ein Auto und viel Geld. Trotzdem fehlt mir etwas. Als ich klein war, glaubte ich, dass ich glücklich werde, wenn ich alle diese Dinge habe. Dem ist aber nicht so. Geld ist nicht alles. Ich muss etwas für die Entwicklung meines Geistes tun.« Dieser Mensch kennt das westliche Leben vom Anfang bis zum Ende. Trotzdem ist er nicht zufrieden und möchte etwas über seinen Geist lernen. Wohin kann er sich nun wenden? Er weiß, dass die westlichen Psychologen die Natur und die Funktionsweise des Geistes nicht wirklich erklären können. Er will dieses Bedürfnis aber jetzt sofort erfüllt wissen. Er will der Welt furchtlos ins Auge sehen und sein Bewusstsein unterstützen. Er schaut sich um und kommt zu dem Schluss, dass ihm das Gedankengut des Ostens eher weiterhelfen kann als das des Westens. Sich auf diese Weise der östlichen Philosophie anzunähern, ist ein Fortschritt, kein Rückschritt in den Tierbereich. Für manche Leute stimmt das so. Sich mit den östlichen Lehren zu beschäftigen ist gut für manche, für andere ist es schlecht.

Frage: Einige Naturwissenschaftler sind der Ansicht, dass es überall im Universum intelligente Wesen gibt. Ist die Erde der einzige Ort, wo Erleuchtung erlangt werden kann, oder sind Sie der Ansicht, dass intelligente Wesen auf anderen Planeten existieren, die auf ihrem eigenen Niveau Erleuchtung erlangen können?
Lama: Man kann nicht nur in diesem Sonnensystem Erleuchtung erlangen. Naturwissenschaftler und Buddha sprechen von Milliarden von Sonnensystemen. Was der Buddha vor zweitausendfünfhundert Jahren beschrieb und was die Naturwissenschaftler heute entdecken, fügt sich nahtlos zusammen.

Frage: Sind Sie schon einmal wiedergeboren worden? Haben Sie schon früher gelebt?
Lama: Ja, natürlich. Mein Geist stammt aus früheren Leben, dieser Körper aber nicht. Ich werde immer da sein. Dieses Leben wird in der Zukunft zur Vergangenheit gehören. Nichts kann die Energie des Bewusstseins oder Geistes aufhalten. Deshalb ist Selbstmord nie eine Lösung für ein hartes Leben. Man sollte sich lieber entspannen und darauf warten, eines natürlichen Todes zu sterben.

Frage: Lehrt der Buddhismus, dass ein bestimmtes Bewusstsein irgendwann aufhört zu existieren, oder geht die Übertragung von Körper zu Körper immer so weiter?
Lama: Es gibt Arten von Bewusstsein, die aufhören zu existieren, aber der grundlegende Geist ist grenzenlos. Der alltägliche Geist des Augenblicks – die Wellen im Meer – kann verschwinden, aber die Energie des Bewusstseinsmeeres bleibt immer erhalten.

Frage: Heißt das, dass die Welt und das Universum bis in alle Ewigkeit bestehen bleiben?
Lama: Ich habe gesagt, der Geist bleibt bestehen.

Frage: Und wer hält dieses Rad in Bewegung?
Lama: Wer hält das Rad des Bewusstseins in Bewegung? Energie. Die geistige Energie überträgt sich zum Beispiel automatisch von gestern auf das Bewusstsein von heute. Es ist ja mit dem Körper genauso. Wenn euer Körper stirbt, lebt die Energie der materiellen Bestandteile weiter, wenn auch in anderer Form.

Frage: Gibt es immer die gleiche Anzahl von fühlenden Wesen? Wird es immer die gleiche Menge geben?
Lama: In diesem Sonnensystem ändert sich die Anzahl. Manchmal sind es mehr, manchmal weniger. In diesem Sonnensystem kommen und gehen die fühlenden Wesen.

Frage: Heißt das, dass wir auch in einem anderen Sonnensystem reinkarnieren können?
Lama: Ja, wir inkarnieren in unterschiedlichen Welten. Manchmal haben unsere Körper eine Form und manchmal nicht.

Aber jetzt müssen wir Schluss machen. Wenn ihr noch andere Fragen habt, könnt ihr sie morgen Abend stellen, und dann diskutieren wir darüber.

Prince Phillip Theatre, Universität Melbourne, 4. April 1975

5 *Spiritualität und Materialismus*

Es wird viel über Spiritualität und Materialismus geredet, aber was bedeuten diese Begriffe wirklich? Das ist kein einfaches Thema, es ist sehr umfangreich. Es gibt unzählige Ansichten darüber, was Spiritualität und Materialismus wirklich sind.

Oberflächlich betrachtet sind wir vielleicht alle einer Meinung, dass nämlich etwas spirituell ist, etwas anderes materiell, aber wenn ihr es näher betrachtet, haben wir alle verschiedene Ansichten darüber.

Für manche Leute sind Spiritualität und Materialismus direkte Gegensätze, zwei unvereinbare Extrempositionen. Für sie ist es unmöglich, gleichzeitig spirituell und materialistisch zu sein. Für andere sind Menschen, die nach einem spirituellen Weg suchen, Versager in der materiellen Welt. Sie sind mit ihrem Leben unzufrieden und kommen mit der normalen Gesellschaft nicht zurecht. Deshalb machen sie sich etwas vor, indem sie sich einen Gott im Himmel einbilden, an den sie glauben können.

Eine andere, weit verbreitete falsche Ansicht ist die Meinung, Menschen, die sich auf die spirituelle Suche begeben, müssten allen materiellen Wohlstand aufgeben, und man könne nicht beides zusammen haben. Diese oberflächliche Haltung findet sich oft: »Wenn etwas so ist, kann es nicht auch anders sein. Das Eine schließt das Andere aus.« Wenn ein Praktizierender wohlhabend ist, heißt es: »Wie kannst du so viel Geld haben? Ich dachte, du wärst spirituell.« Diese Art von intellektuellem Urteil zeigt ein komplettes Unverständnis der Begriffe »spirituell« und »materialistisch«.

Meiner Ansicht nach sind alle diese Interpretationen falsch. Sie sind als Ideen extrem und festgefahren.

Dann gibt es Leute, die sagen: »Du praktizierst spirituell? Dann glaubst du sicher an alle möglichen Dinge. Ich glaube an gar nichts.« Ein paar einfache Fragen zeigen aber sehr schnell, dass diese Leute an mehr Dinge glauben als die meisten religiösen Menschen.

An etwas zu glauben ist nicht einfach intellektuell. Solange ihr an etwas hängt – an Ideen, an materiellen Dingen oder an Vorstellungen von Gut oder Böse – glaubt ihr etwas. Wenn ihr sagt: »Ich glaube an gar nichts«, ist das einfach nicht wahr. Glauben bedeutet nicht nur, Angst zu haben vor einem allgegenwärtigen und strafenden Gott im Himmel. Wenn ihr euch den menschlichen Geist genau anschaut, gibt es niemanden, der an gar nichts glaubt. Solange jemand an einer Sache oder an der Vorstellung von Gut oder Böse hängt, glaubt er meiner Meinung nach etwas. Wirklich weise religiöse Leute sind in ihrem Glauben nicht so extrem, dass sie sich von irgendeiner Kraft oder Energie kontrollieren lassen. Meint daher bloß nicht, dass alle, die sich auf einem spirituellen Weg befinden, verblendet und extrem in ihrem Glauben sind. Das hängt ganz davon ab, wie tief sie den von ihnen eingeschlagenen Weg verstanden haben.

Ich weiß natürlich, dass es Leute mit einer Art materialistischer Einstellung gegenüber Spiritualität gibt, besonders, wenn sie im Westen aufgewachsen sind. Sobald sie vom Buddhismus oder irgendeiner anderen Religion hören, fühlen sie sich davon angezogen. Ohne sich näher mit der betreffenden Religion zu beschäftigen, oder ohne überhaupt hinzusehen, ob sie zu ihnen passt, greifen sie sofort danach: »Oh, das ist ja fantastisch.« Das ist eine extreme und gefährliche Einstellung. Meiner Ansicht nach ist das gar keine spirituelle Haltung. Nur, weil ihr euch in eine Idee verliebt, heißt das nicht, dass ihr sie versteht, dass ihr sie auch praktisch anwenden und so Erfahrungen mit dieser Philosophie sammeln könnt. Ihr haltet eine Idee vielleicht für gut. Wenn sie aber euer tägliches Leben nicht beeinflusst, wie könnt ihr dann sagen: »Ich liebe diese Idee. Ich bin jetzt spirituell.« Das ist lächerlich.

Spirituell Praktizierende müssen sich ihr Leben realistisch anschauen und sich nicht einbilden, sie seien Jesus oder Buddha. Wenn ihr derartig überzogene Ansichten habt und die eigene Realität komplett falsch einschätzt, hat das gar nichts mit Religion zu tun.

Religion ist nicht irgendeine trockene intellektuelle Idee, die euch vielleicht gefällt. Sie sollte eher die grundlegende Philosophie in eurem Leben werden. Durch eigene Erfahrungen könnt ihr feststellen, ob sie gut zu eurer Energie und zu eurem psychologischen Profil passt. Wenn ihr von einer Idee hört, die ihr sinnvoll findet, schaut erstmal hin, ob ihr sie auch ausprobieren könnt. Erst dann solltet ihr sie zu eurem spirituellen Weg machen.

Nehmen wir mal an, ihr begegnet der buddhistischen Philosophie zum ersten Mal: »Oh, fantastisch. Das ist so toll.« Weil ihr an diese neuen Ideen materialistisch herangeht, versucht ihr sofort, euer Leben und euren Alltag radikal zu ändern. Das schafft ihr nicht, das ist nicht möglich. Ihr könnt euren Geist nur Schritt für Schritt ändern. Um Dharma zu verwirklichen, müsst ihr da anfangen, wo ihr gerade seid. Eure Praxis muss auf dieser Grundlage aufbauen. Euch wegen einer Fantasievorstellung zu verleugnen und euch komplett verändern zu wollen, als ob es darum ginge, nur einmal schnell die Wäsche zu wechseln, ist eine Illusion. Das ist zu extrem. Wer sich so verhält, hat keinen Schimmer vom spirituellen Weg, und das ist gefährlich. Überprüft das selber. Wir beurteilen die Dinge meist sehr oberflächlich.

Wie bereits gesagt, wenn wir nach dem Wesen von Spiritualität und Materialismus fragen, bekommen wir lauter unterschiedliche Antworten. Da gibt es keine einheitlichen Aussagen. Das ist so, weil wir alle unterschiedliche Lebenserfahrungen haben und unterschiedlich denken. Wenn wir einer Gruppe von Leuten eine unbekannte materielle Substanz zeigen und sie fragen, was das ist, geben sie unterschiedliche Antworten, je nachdem, welche Erfahrungen die einzelnen haben. Aus dem gleichen Grund gibt es viele unterschiedliche Antworten, wenn wir ein religiöses und ein materialistisches Leben definieren wollen.

Meiner Ansicht nach braucht ihr materielle Dinge nicht abzulehnen, wenn ihr einem spirituellen Weg folgen wollt. Es ist sogar so, dass selbst ein materialistischer Mensch in der Tiefe seines Geistes eine religiöse Seite hat. Auch wenn ihr beteuert: »Ich glaube an nichts«, gibt es in eurem Geist eine religiöse Dimension. Ein Strom spiritueller Energie fließt unaufhaltsam durch euer Bewusstsein, selbst wenn ihr es nicht in Begriffe fasst und es nicht Teil eurer bewussten Philosophie ist. In eurer Psyche sind bereits jetzt intellektuelle und philosophische Aspekte von Religion vorhanden. Sie waren schon immer da, sie stammen nicht aus Büchern oder Texten. Seid daher vorsichtig. Mit euren extremen Ansichten zieht ihr vielleicht den Schluss, dass Spiritualität und Materialismus sich gegenseitig ausschließen. Das ist aber nicht der Fall.

Was religiöse Toleranz angeht, ist die Welt heute besser dran als noch vor hundert Jahren. Damals waren besonders im Westen extreme Ansichten sehr weit verbreitet. Religiöse Leute hatten Angst vor Atheisten. Diese wiederum fürchteten die Gläubigen. Niemand fühlte sich sicher. All das basierte auf einem Missverständnis. Das liegt nun wohl mehr oder weniger hinter uns, aber möglicherweise gibt es immer noch Leute, die so denken. Für viele Menschen sind das spirituelle und das materialistische Leben vollkommen unvereinbar. So verhält es sich aber nicht.

Darum solltet ihr möglichst den mittleren Weg wählen. Vermeidet Extreme im Denken wie: »Ich bin spirituell.« Wenn ihr an dieser Idee und an festen Vorstellungen, wie ein spirituelles Leben aussehen soll, festhaltet, führt das nur dazu, dass ihr den normalen Alltag vernachlässigt: »Mir macht das spirituelle Leben so viel Spaß, dass ich nicht mal mehr eine Tasse Tee kochen will.« Da fehlt das Gleichgewicht zwischen eurem so genannten spirituellen Leben und den Anforderungen des Alltags. Wer ein wirklich spirituelles Leben führt, entwickelt ein harmonisches Gleichgewicht zwischen den beiden Aspekten und kommt besser mit dem Alltag zurecht. Statt uns hinter einer Mauer zu verstecken, beschäftigen wir uns tiefer mit den Bedürfnissen des Alltags und verstehen sie besser. Wenn ihr eine Mauer zwischen den beiden Lebensbereichen errichtet, dann stimmt etwas nicht ganz mit eurem spirituellen Weg.

Statt euch der Welt zu öffnen, verschließt ihr euch. Wenn die Religion, die ihr praktiziert, ein echter Weg ist, und sie euch befriedigende Antworten für euren unzufriedenen Geist gibt, solltet ihr besser denn je mit eurem Alltag fertigwerden und wie ein anständiger Mensch leben. Von trockenen Illusionen zu leben ist nicht realistisch, das reicht nicht einmal für ein Frühstück. Überprüft genau, was ihr von eurer religiösen Praxis versteht, und ihr werdet merken, dass es da einiges zu korrigieren gibt.

Die gesamte Philosophie und Lehre des Buddha dient nur einem einzigen Zweck: zum innersten Kern unseres Wesens vorzudringen und die Natur unseres menschlichen Geistes zu erkennen. Buddha sagt nie, dass wir einfach glauben müssen, was er lehrt. Stattdessen ermutigt er uns, seine Lehren zu verstehen.

Ohne ein solches Verständnis bleibt eure spirituelle Reise ein Fantasiegebilde, ein Traum, eine Illusion. Wenn jemand eure Glaubenssätze in Frage stellt, stürzt euer gesamtes spirituelles Leben zusammen wie ein Kartenhaus. Eure eingebildeten Vorstellungen sind wie Papier, nicht wie Beton. Selbst wenn nur jemand fragt: »Was ist das?«, löst sich das Ganze schon auf. Wenn ihr die Lehren nicht versteht, könnt ihr die Frage, was ihr eigentlich macht, nicht befriedigend beantworten.

Darum empfehle ich euch, alles zu integrieren. Genießt euer materielles Leben, so gut es geht, aber versteht gleichzeitig das Wesen des Genusses: das Wesen des Objekts, das ihr gerade genießt, und den Geist, der den Genuss erlebt, und wie diese beiden miteinander in Beziehung stehen. Ein tiefes Verständnis für all das, das ist Religion. Wenn ihr aber von alledem keine Ahnung habt, nur von außen an die Sache herangeht und nicht wisst, was in euch vor sich geht, bleibt euer Geist beschränkt und meiner Ansicht nach materialistisch. Das liegt an eurer Haltung und nicht daran, dass ihr viele Dinge besitzt.

Nehmen wir mal an, ich würde mein Leben einem einzigen Objekt widmen: »Diese Blume ist so wunderschön. Solange es sie gibt, ist mein Leben lebenswert. Wenn die Blume stirbt, will ich auch nicht mehr leben.« An so etwas zu glauben ist Dummheit, nicht wahr? Natürlich ist die Blume nur ein Beispiel, aber ein materialistischer Geist hat so eine extreme Haltung. Ein realistischerer Ansatz wäre: »Ja, die Blume ist schön, aber sie ist vergänglich. Heute ist sie lebendig, und morgen ist sie tot. Meine Zufriedenheit hängt aber nicht nur von dieser Blume ab, und ich bin nicht als Mensch geboren, nur um mich über Blumen zu freuen.«

Was auch immer ihr unter Religion versteht, dem Buddhismus oder allgemein philosophischen Ideen, es sollte sich grundlegend in euer Leben einfügen. Dann könnt ihr damit experimentieren: »Stammt die Unzufriedenheit aus meinem eigenen Geist oder nicht?« Das reicht. Ihr braucht euer Leben nicht radikal zu verändern oder euch vom Rest der Welt abzuschotten, wenn ihr lernen wollt, dass Unzufriedenheit aus dem eigenen Geist stammt. Ihr könnt weiterhin ein normales Leben führen. Gleichzeitig könnt ihr aber versuchen, die Natur des unzufriedenen Geistes zu beobachten. Dieser Ansatz ist sehr realistisch und sehr praktisch, und damit findet ihr ganz sicher alle Antworten, nach denen ihr sucht.

Wenn ihr aber nur irgendeine extreme Idee übernehmt und dann versucht, über den Verstand alles Mögliche aufzugeben, wühlt ihr nur euer Leben auf. Der menschliche Körper braucht fürs Überleben ein Frühstück und ein Mittagessen und all diese Dinge. Seid also lieber realistisch. Ihr braucht keine radikalen äußeren Veränderungen vorzunehmen. Die Veränderungen geschehen innerlich; hört auf zu halluzinieren und schaut der Wirklichkeit ins Auge.

Wenn ihr wirklich genau hinschaut, sind die beiden Extreme, die Religion und der Materialismus, gleichermaßen Wahnvorstellungen. Beides sind Projektionen eines unreinen Geistes, der extreme Werturteile fällt. Es ist egal, ob jemand sagt: »Oh, ich glaube an gar nichts. Ich glaube nur an das, was ich heute gemacht habe und was ich zum Frühstück hatte. Was ich sehe und denke, ist die Wirklichkeit, ich habe keine verrückten Vorstellungen.« Wenn ihr diese Person nun fragt: »Was hältst du von der Farbe Rot?«, stellt sich sofort heraus, dass sie halluziniert. Sie sieht Formen und Farben der Sinneswelt, hat aber keine Vorstellung von deren wahren Natur und weiß nicht, dass Farben nur Projektionen des eigenen Geistes sind. Dann fragt weiter: »Welche Farbe magst du? Magst du Schwarz?« »Oh nein, Schwarz mag ich nicht.« »Und wie steht es mit Weiß?« »Oh ja, Weiß gefällt mir.« Diese Person mag also eine Sache und eine andere nicht und sitzt da mit zwei Dingen. Das zeigt, dass ihr Geist nicht rein ist. Viele Dinge, die wir erleben, drücken wir nicht mit Worten aus, aber sie sind trotzdem verdeckt in unserem Geist vorhanden. Es spielt keine Rolle, dass wir sie nicht verbal ausdrücken.

Wir sind oft gar nicht sicher, was wir wirklich wollen. Wir sind zu extrem, wir sind geistig gestört. Ein flüchtiger Gedanke steigt in unserem Geist auf, und wir laufen ihm hinterher und handeln entsprechend. Dann kommt ein anderer Gedanke, und dann laufen wir dem hinterher und handeln auf eine andere Art und Weise. Ich nenne das schizophren. Nichts wird überprüft. Gedanken kommen und gehen. Statt ihnen nachzulaufen, solltet ihr sie überprüfen. Manche Leute haben sehr fixe Ideen: »Das hier ist hundertprozentig gut, und das hasse ich.« Oder jemand sagt etwas Positives, und ihr widersprecht dem automatisch: »Nein, nein, nein, nein, nein.« Statt bloß abzulehnen, was Leute sagen, fragt euch doch einmal, warum sie das sagen. Versucht zu verstehen, warum ihr anderer Meinung seid. Je mehr wir uns in eine Idee verbeißen, desto schwerer machen wir es uns und anderen. Wenn jemand etwas verändert, flippen wir aus. Statt auszuflippen, solltet ihr herausfinden, warum etwas verändert wurde. Wenn ihr den Grund kennt, regt ihr euch nicht mehr so sehr auf. Fixe Ideen, wie: »Mein Leben sollte so und nicht anders sein«, führen nur zu Problemen. Es ist nicht möglich, genau zu planen, wie euer Leben aussehen soll.

Der Geist aller Menschen, unsere grundlegende Natur, verändert sich unablässig. Das müsst ihr einfach akzeptieren. Ihr müsst eure Vorstellungen darüber, wie die Dinge sein sollten, flexibler gestalten.

Eingefahrene Ideen machen uns das Leben schwer. Warum zementieren wir Vorstellungen wie: »Ich will mein Leben so und nicht anders haben«? Der Grund ist: »Es gefällt mir eben so.« Wir wollen alle nicht sterben. Haben wir Einfluss darauf, ob wir sterben müssen oder nicht? Wir wären alle gern unsterblich, damit wir das Leben auf dieser Erde immer genießen können. Können wir das so einrichten? Nein, das ist nicht möglich. Unsere grundlegende Natur, unser Geist, unser Körper, die Welt, all das verändert sich automatisch. Wenn wir die Dinge auf eine bestimmte Art und Weise haben wollen, schaffen wir uns damit nur Probleme.

Doch ihr zementiert einen Gedanken und klammert euch daran. Die Psychologie des Buddha lehrt, wie wir uns von dieser Art des Anklammerns befreien können, und zwar ohne etwas emotional abzulehnen. Sie zeigt uns, wie wir die goldene Mitte zwischen den zwei Extremen finden können. Wenn ihr euch mit eurem Geist in diesen mittleren Bereich begeben könnt, findet ihr Glück und Freude. Ihr müsst euch dafür gar nicht sehr anstrengen. Ihr findet euch automatisch in einer friedlichen Atmosphäre wieder, und euer Geist kommt ins Gleichgewicht. Ihr verweilt in Frieden und Glück.

Ich glaube, das ist genug für heute, vielleicht sogar schon zu viel. Egal, wie lange wir darüber reden, mit diesem Thema werden wir nie fertig. Deshalb stellt jetzt eure Fragen, wenn ihr welche habt. Ich glaube, das ist besser.

Fragen

Frage: Welche Vorteile hat es, Mönch zu werden?
Lama: Meiner Ansicht nach gibt es im Leben eines Mönchs mehr Flexibilität und weniger eingefahrene Ideen. Wenn du zum Beispiel heiratest, ist es so, als würdest du dir aus den zahllosen Atomen ein einziges aussuchen. Du widmest dein Leben dann dieser einen Person. Das scheint mir sehr eingeschränkt. Als Mönch widmest du dein Leben allen lebenden Wesen, statt an einem einzigen Atom zu hängen. Dein Geist ist ausgeglichener. Natürlich sage ich nicht, dass das der einzige Weg ist. Wenn du mit Weisheit an die Sache herangehst, kannst du alles machen.

Frage: Sie empfehlen also nicht allen, ins Kloster zu gehen?
Lama: Das bleibt dem Einzelnen überlassen. Die Welt bietet so viele aufregende Objekte. Wenn der Geist einer Person sehr eng ist, und es ihr schwer fällt, in der Welt zu leben, ist es für sie vielleicht besser, ins Kloster zu gehen. Wenn aber jemand in Harmonie mit der Welt leben kann, seinen Geist gut unter Kontrolle hat und, statt unter der Institution Ehe zu leiden, seiner Frau gut tut, kann er diesen Weg gehen. Das kann man nicht verallgemeinern, es liegt am Einzelnen.

Frage: Was ist Erleuchtung?
Lama: Einfach gesagt, ist Erleuchtung ein Zustand jenseits des unkontrollierten, aufgeregten und unzufriedenen Geistes, ein Zustand vollkommener Freiheit und ewiger Freude, in dem man ein vollkommenes Verständnis der Natur des Geistes hat.

Frage: Manche Leute sagen, sie sehen Licht im Geist. Was hat es damit auf sich?
Lama: Allgemein gesagt, ist Licht das Gegenteil von Dunkelheit, aber vielleicht sollte ich es mehr aus der psychologischen Sicht erklären. Wenn euer Geist sehr eingeschränkt ist, voller Anhaftung an Gedanken Vorstellungen, Formen, Farben und Dinge dieser Art, ist er meist dunkel und träge. Wenn diese Dinge verschwinden, steigt Licht auf. Das ist alles. Es ist einfach eine Sache des Geistes. Deshalb macht euch darüber keine Sorgen. Ihr seht ja an jedem Tag in eurem Leben Licht. Sogar wenn es dunkel ist, seht ihr schwarzes Licht. Aber welches Licht auch immer ihr seht – sei es weiß, schwarz oder irgendeine andere Farbe – es kommt nicht von außen, es stammt aus eurem eigenen Geist. Es ist sehr wichtig, dass ihr diesem Punkt nachspürt: Jedes Licht, das ihr seht, kommt aus eurem eigenen Geist. Wenn ihr euch über jemanden ärgert und rotseht, kommt das aus eurem eigenen Geist. Es ist eine Projektion eures eigenen Geistes, es hat keinen äußeren Ursprung. Das ist interessant. Dem Objekt jeder geistigen Wahrnehmung ist eine Farbe zugeordnet, jeder geistige Standpunkt ist mit einer Farbe verbunden. Überprüft das selbst, experimentiert damit.

Frage: Ich nehme an, dass ich verstehe, was Sie über visuelle Objekte gesagt haben. Aber wie ist das mit intellektuellen Konzepten, wie Sprache und Grammatik, mit all dem, was wir in der Schule lernen?
Lama: Auch das kommt aus eurem eigenen Geist. Sprache entsteht aus dem natürlichen inneren Klang, ohne Klang gibt es keine Grammatik. Zuerst sind da die Vokale, a, e, i, o und u. Ohne diese Klänge kannst du keine Sätze bilden. Vokale werden mit Konsonanten verbunden, und so entsteht Sprache. Grammatik wird vom oberflächlichen Geist geschaffen, der menschliche Geist schafft Sprache. Alle Sprachen sind das Ergebnis des menschlichen Bedürfnisses, Gedanken auszudrücken. Sie existieren zum Zweck der Kommunikation. Sprache ist eigentlich ein Symbol für Bedeutung. Menschen wollen miteinander kommunizieren, also schaffen sie Sprache als Mittel zur Kommunikation. Aber wenn ihr euch zu sehr in die Sprache als solche verbeißt, bleibt nichts übrig. Sprache ist ein Produkt des abergläubischen Anhaftens an oberflächlicher Kommunikation. Wenn ihr tiefer als oberflächliche Kommunikation gehen wollt, müsst ihr euch jenseits von Ideen, Worten und Grammatik begeben. Wenn ihr meint, dass Worte das einzige Mittel der Kommunikation sind, wachst ihr nie über diese oberflächliche Haltung hinaus, und ihr werdet nicht verstehen, was Wirklichkeit ist.

Frage: Mantras sind Klang. Wofür sind sie da?
Lama: Mantras sind anders als normale Klänge. Sie helfen eurem Geist, die oberflächliche Sicht zu transzendieren. Euer Geist ist beschäftigt mit banalen Wahrnehmungen, und er wird durch die ständige Flut von Gedanken gespalten. Wenn sie richtig gemacht wird, fügt Mantra-Rezitation euren Geist zusammen und fördert eine ruhige und friedvolle geistige Atmosphäre. Es hängt davon ab, wie gut ihr eure Rezitation macht. Manchmal könnt ihr die Ebene der geistigen Integration nicht erreichen, ein anderes Mal klappt es. Wenn ihr jedoch einmal die Ebene der vollkommenen geistigen Einheit erreicht habt, braucht ihr keine Mantras mehr zu zählen oder zu singen. Außerdem gibt es unterschiedliche Mantras für verschiedene

Zwecke. Wir haben alle unterschiedliche Probleme, und es gibt ein Mantra für jede Gelegenheit.

Frage: Ich habe das, was Sie gesagt haben, so verstanden, dass wir nach Erleuchtung streben sollten. Hat aber Buddha nicht gesagt, wir sollten alle Sehnsüchte ablegen?
Lama: Es ist möglich, Erleuchtung zu erlangen, ohne sich danach zu sehnen. Die Hauptsache ist, sich nicht festzuklammern. Wenn ihr euch mit Anhaftung an die Idee der Erleuchtung klammert, kann das negativ statt positiv sein. Du hast recht, Buddha sagte, wir sollten nicht einmal an der Idee von Nirvana oder Erleuchtung festhalten. Versucht frei zu sein. Achtet einfach darauf, dass ihr mit Körper, Rede und Geist bewusst und angemessen handelt.

Frage: Sie haben einmal den Bereich der Tiere erwähnt. Wenn man einmal als Tier geboren wurde, steckt man dann für immer da fest? Können Tiere Erleuchtung erlangen?
Lama: Es gibt nirgendwo immerwährendes Leiden, auch nicht in der Tierwelt. Das Leben der Tiere ist auch vergänglich, und sie verändern sich dauernd. Manchmal zum Guten, manchmal zum Schlechten. Wenn sie sich in eine positive Richtung verändern, kann sich auch der Geist eines Tieres weiterentwickeln. Um Erleuchtung zu erlangen, müssen Tiere aber zuerst als Menschen wiedergeboren werden. Wenn ein Tier in einer angenehmen und friedvollen Umgebung ohne Wut und Aggression lebt, kann sich sein Geist langsam so entwickeln, dass sein Karma für ein menschliches Leben in der Zukunft heranreift. Wenn ein Tier ständig Zorn und Anhaftung anhäuft, wird sein Geist immer verwirrter, und es kann an schlimmeren Orten als in der Tierwelt wiedergeboren werden.

Frage: Wenn ich meditiere und versuche, mich auf ein Objekt zu konzentrieren, erscheinen manchmal andere Dinge in meinem Geist und lenken mich ab. Was kann ich tun, damit das aufhört?
Lama: Das hängt von deinen Fähigkeiten ab. Wenn du versuchst,

dich auf eine Sache zu konzentrieren, und etwas anderes steigt auf, ist es am besten, wenn du das Objekt, das dich ablenkt, zum Verschwinden bringen kannst, ohne ihm besondere Aufmerksamkeit zu schenken. Es ist keine Lösung, das Objekt anzuschauen und es dann zurückzuweisen. Das Erscheinen solcher Objekte bedeutet, dass dein Geist ein Spielchen mit dir spielt. Diese Objekte sind Manifestationen aus Erinnerungen an alten Erfahrungsmüll. Statt sie zurückzuweisen, kannst du ihr Wesen ganz genau unter die Lupe nehmen. Wenn du dich ganz gezielt auf ihr Wesen konzentrierst, verschwinden die Objekte. Warum? Weil sie aus dem Geist stammen. Der Blickwinkel des Geistes ändert sich andauernd, und darum halten Ablenkungen nie lange vor.

Vielen Dank. Wenn ihr jetzt keine Fragen mehr habt, hören wir für heute Abend hier auf, und wir sehen uns morgen wieder.

Prince Phillip Theatre, Universität Melbourne, 5. April 1975

6 *Die Weisheit der Stille*

Wenn ihr mit euren Sinnen Objekten begegnet, und dieser Kontakt körperlich angenehm ist, dann genießt dieses Gefühl, so gut ihr könnt. Wenn euch aber die Begegnung der Wahrnehmung mit der Sinnenwelt fesselt und Schwierigkeiten bereitet, schließt lieber die Tore der Sinne. Macht euch keine Sorgen, wenn ihr keine Kontrolle habt, und beobachtet in Ruhe eure Wahrnehmung.

Wenn euch Probleme fesseln, die durch Gedanken entstehen, geht genauso vor. Ihr könnt diese Probleme nicht dadurch ausschalten, dass ihr nach einer neuen Idee greift. Untersucht lieber in Ruhe, auf welche Art und Weise die Gedanken Schwierigkeiten verursachen.

Manchmal ist Stille im Geist sehr wichtig, aber »still« ist nicht gleichzusetzen mit verschlossen. Ein ruhiger Geist ist wach und aufmerksam, er sucht das Wesen der Wirklichkeit. Wenn euch die Welt der Sinne stört, dann entstehen die Probleme aus eurer Wahrnehmung, sie kommen nicht von den äußeren Objekten. Wenn euch Gedanken stören, kommen auch die nicht von außen, sondern sie tauchen auf, weil euer Geist nach Konzepten greift. Statt eure Probleme dadurch zu lösen, dass ihr nach neuen materiellen Objekten oder Ideen greift, solltet ihr lieber in Ruhe überprüfen, was in eurem Geist geschieht.

Was für Probleme im Geist auch auftauchen mögen, legt die Hände in den Schoß und seid nicht nervös und ängstlich. Entspannt euch und seid so ruhig wie möglich. Dann seht ihr automatisch die Wirklichkeit und erkennt die Ursache des Problems.

Wenn wir innere oder äußere Probleme haben, macht unser eingeschränkter und ungeübter Geist sie noch schlimmer. Wenn sich jemand mit einer juckenden Hauterkrankung kratzt, fühlt sich das im ersten Moment gut an, und er meint, das Kratzen habe geholfen. In Wirklichkeit führt das Kratzen zu einer Verschlimmerung. So sind wir eben, wir machen jeden Tag dasselbe. Statt unsere Probleme auf diese Art zu lösen, sollten wir uns entspannen und uns auf unseren fähigen stillen Geist verlassen. Aber still ist nicht dasselbe wie dunkel, unfähig, träge oder dösig.

Eine Meditation

So, jetzt schließt einmal für fünf oder zehn Minuten die Augen und schaut euch genau an, was ihr für euer größtes Problem haltet. Schließt die Tore der Sinne so weit wie möglich. Bleibt vollkommen still und beobachtet euren Geist gewissenhaft, schaut nach innen, mit Weisheitswissen.

Wo sitzt der Gedanke »mein Problem«?

Sitzt er im Gehirn? Im Mund? Im Herzen? Im Magen? Wo sitzt diese Vorstellung?

Wenn ihr den Gedanken »mein Problem« nicht finden könnt, fasst das nicht in Begriffe. Entspannt euch einfach. Wenn trübe oder unangenehme Gedanken im Geist aufsteigen, beobachtet einfach, wie sie kommen und gehen.

Reagiert nicht emotional.

Wenn ihr so übt, merkt ihr, dass der schwache, ungeübte Geist mit Problemen nicht umgehen kann. Der stille und fähige Geist aber kann jedes Problem tapfer überwinden und auch alle emotionalen und aufgeregten Geisteszustände.

Glaubt nicht, dass das, was ich sage, nur eine Idee aus dem Buddhismus ist, bloß die Vorstellung eines tibetischen Lama. Diese Übung kann zur echten Erfahrung für alle lebenden Wesen im gesamten Universum werden.

Ich könnte euch heute Abend in meinem Vortrag viel erzählen, aber ich denke, es ist wichtiger, die Erfahrung der Stille mit euch zu teilen. Das passt besser als eine Unmenge von Worten.

Wenn ihr euren Geist gründlich unter die Lupe nehmt, merkt ihr, dass sowohl unglückliche als auch ekstatische Gedanken kommen und gehen. Wenn ihr wirklich in die Tiefe geht, verschwinden sie vollkommen. Wenn ihr mit einer Erfahrung beschäftigt seid, denkt ihr: »Diese Erfahrung werde ich nie vergessen«, aber wenn ihr ganz genau hinschaut, verschwindet sie von alleine. Das ist eine Erfahrung stiller Weisheit. Es ist ganz einfach. Aber glaubt es mir nicht einfach, erlebt es selbst.

Meiner Erfahrung nach ist eine Unterweisung ohne Worte mehr wert als ein langer Vortrag ohne Übung. In einem stillen Geist findet ihr Frieden, Freude und Erfüllung.

Stille innere Freude hält viel länger an als die Freude an Schokolade und Kuchen. Die Art von Freude ist auch bloß eine Vorstellung.

Wenn ihr eure Sinneswahrnehmungen ausschaltet und euer Wesen erforscht, fangt ihr an, aufzuwachen. Warum ist das so? Weil die oberflächliche Sinneswahrnehmung euch daran hindert, zu erkennen, wie geschwätzige Gedanken in Wirklichkeit kommen und gehen. Wenn ihr die Tore eurer Sinne schließt, wird euer Geist bewusster und funktioniert besser. Wenn eure oberflächlichen Sinne beschäftigt sind, bleibt euer Geist sozusagen im Dunkeln. Er ist ganz mit dem beschäftigt, wie eure Sinne die Dinge interpretieren. Deshalb könnt ihr die Wirklichkeit nicht sehen. Wenn euch Gedanken und Sinneswahrnehmungen fesseln, solltet ihr, statt euch unter Druck zu setzen, eure Sinne schließen und in Ruhe euren Geist beobachten. Versucht, vollkommen wach zu sein, und verbeißt euch nicht in Einzelheiten. Spürt das Ganze, nicht bloß die einzelnen Teile.

Ihr könnt nicht selbst bestimmen, wie die Dinge sein sollen. Es liegt in der Natur der Dinge, dass sie sich verändern. Wie könnt ihr einen Gedanken festhalten? Ihr merkt, dass das nicht möglich ist.

Wenn ihr überprüft, wie ihr denkt: »Warum denke ich, das ist gut? Warum denke ich, das ist schlecht?«, wird es wirklich deutlich, wie euer Geist funktioniert. Ihr merkt, dass die meisten Vorstellungen albern sind, dass unser Geist ihnen aber Bedeutung verleiht. Wenn ihr ganz genau hinschaut, seht ihr, dass diese Gedanken in Wirklichkeit aus nichts bestehen. Wenn ihr das so untersucht, bleibt in eurem Geist eine Art Leere übrig. Lasst euren Geist in diesem Zustand des Nichts verweilen. Er ist dann voller Frieden und Freude. Wenn ihr jeden Morgen für zehn oder zwanzig Minuten mit einem stillen Geist sitzen könnt, wird euch das gefallen. Ihr könnt die Entwicklung eurer Emotionen von einem Moment zum anderen beobachten, ohne daran zu verzweifeln.

Ihr seht auch die äußere Welt und die anderen Leute mit anderen Augen. Sie sind keine Hindernisse mehr, und sie verunsichern euch auch nicht mehr.

Schönheit entsteht also im Geist.

So, das war eine Erfahrung von Stille. Wenn ihr Fragen habt, könnt ihr sie jetzt stellen. Ihr könnt eure eigenen Erfahrungen mit dem, was ich gesagt habe, einbringen. Euren Geist beobachten und erforschen ist ganz einfach. Wo auch immer ihr seid, könnt ihr diese Energie immer spüren. Sie ist immer da. Aber Schokolade ist nicht immer da. Wenn ihr welche wollt, ist keine da, und wenn euch nicht danach ist, liegt sie vor eurer Nase.

Die Freude einer Erfahrung der Ruhe stammt aus eurem eigenen Geist. Deshalb ist diese Freude immer bei euch. Wann auch immer ihr sie braucht, ist sie da.

Wenn ihr noch Fragen habt, bitte stellt sie, auch wenn eine Antwort aus der Stille des Geistes immer besser ist als viele Worte. Es gibt so viele Ansichten und Philosophien, statt dass sie euch helfen, schaffen sie mehr Verwirrung. Manche englischen (und deutsche) Begriffe haben mehr als zwanzig Bedeutungen.

Fragen

Frage: Was ist der beste Weg, um Erleuchtung zu erlangen? Wo findet man Erleuchtung?
Lama: Indem ihr euch mit eurem eigenen Geist beschäftigt und die Natur eures Geistes kennenlernt. Das ist das Beste. Sonst sammelt ihr nur Ideen, viel zu viele Ideen, über dies und das, über diese und jene Religion. Ihr sammelt nur Ideen, wisst aber nicht, welchen Bezug sie zu eurem eigenen Geist haben. So steht ihr am Ende mit nichts da. Die beste, echte Lösung für eure Probleme ist, ihnen ins Auge zu schauen und ihr Wesen zu verstehen. Wenn ihr das schafft, verschwinden Probleme von alleine. Ihr könnt das durch eure eigene Erfahrung entdecken. Wenn ihr Bücher über wunderbare Ideen, Religionen und Philosophien lest, aber nicht wisst, wie ihr sie praktisch umsetzen könnt, fehlt euch der Schlüssel dazu. Die Ideen werden dann auch zu Problemen.

Das Beste, was ihr tun könnt, ist euer eigenes Wesen zu verstehen. Das ist besser, als zum Beispiel mehr über mich herauszufinden: »Wer ist dieser Lama?« So löst ihr keine Probleme. Wenn ihr ständig euren Alltag beobachtet und überprüft, wie euer Geist die Leute in der Familie und in eurem Freundeskreis interpretiert, wie euer Geist das, was ihr fühlt, interpretiert, dann merkt ihr, dass eure Fehlinterpretationen euer Leben kompliziert machen. Ihr versteht dann, dass eure Probleme in euch selbst entstehen. Jetzt fängt der Lernprozess an. Je mehr ihr versteht und je mehr Fortschritte ihr macht, desto näher kommt ihr der Befreiung. Darum sagte der Ehrwürdige Buddha, dass Verstehen alles ist, was ihr braucht, dann kommt ihr weiter auf dem Weg. Selbst wenn ihr euch mit unzähligen intellektuellen Ideen beschäftigt, wenn ihr sie nicht versteht, bleiben sie nur Ideen, und so verschwendet ihr euer Leben.

Frage: Mir scheint, man braucht eine bestimmte Umgebung, um mit Erfolg zu meditieren. Was bedeutet das für uns, die wir in einer lauten Welt aus Beton mit einem achtstündigen Arbeitstag leben und wenig oder gar keinen Kontakt mit anderen haben, die an einem spirituellen Weg interessiert sind? Meinen Sie, dass psychedelische Drogen, wie LSD, für solche Leute wichtig oder nützlich sein können?
Lama: Nun, das ist schwer zu sagen. Ich habe nie so etwas genommen. Aber in den buddhistischen Lehren wird davon gesprochen, wie materielle Substanzen unser menschliches Nervensystem beeinflussen und welche Beziehung es zwischen Nervensystem und Geist gibt. Wir studieren das in der buddhistischen Philosophie. Nach dem, was ich gelernt habe, würde ich sagen, dass Drogen den Empfehlungen des Buddhismus widersprechen. Ich selber bin allerdings der Ansicht, dass eine Erfahrung mit Drogen möglicherweise für Menschen, die total mit der Sinneswelt beschäftigt sind und die keine Vorstellung von den Möglichkeiten der geistigen Entwicklung haben, vielleicht hilfreich ist. Warum? Wenn jemand, dessen Realität beschränkt ist auf Haut und Knochen des menschlichen Körpers, so eine Erfahrung macht, denkt er vielleicht: »Menschenskind! Ich dachte, diese materielle Welt sei alles. Jetzt erkenne ich, dass sich mein Geist über meinen Körper aus Fleisch und Blut hinaus entwickeln kann.« In manchen Fällen kann eine Erfahrung mit Drogen den Geist eines Menschen für die Möglichkeit einer geistigen Entwicklung öffnen. Wenn man aber einmal die Erfahrung gemacht hat, ist es nicht richtig, weiter Halluzinogene zu nehmen. Die Drogenerfahrung bringt kein echtes Verständnis, keine wahre Erkenntnis. Der Geist bleibt

weiterhin eingeschränkt, weil Materie an sich so eingeschränkt ist. Es ist ein ständiges Auf und Ab. Außerdem schaden zu viele Drogen unserem Gehirn. Das ist meine persönliche Meinung.

Frage: Brauche ich überhaupt irgendetwas?
Lama: Ich hoffe, dass du etwas brauchst. Nein, du brauchst ganz sicher etwas. Aber es liegt an dir, herauszufinden, was du brauchst. Deine Bedürfnisse kommen aus dir selbst, nicht von außen. Und doch sagen wir so oft: »Ich brauche dies, ich brauche das«, und wir sammeln im Leben so viel Zeug an. Wenn wir aber die Beschaffenheit und Ursache unserer Bedürfnisse unter die Lupe nehmen, merken wir am Ende, dass wir fast gar nichts brauchen.

Frage: Sagen Sie damit, dass westliche Bildung Zeitverschwendung ist?
Lama: Nein, das habe ich nicht gesagt. Es hängt vom Einzelnen ab. Es hängt davon ab, *wie* jemand lernt, nicht von der Bildung selbst. Es ist wichtig, wie ihr lernt.

Frage: Könnten Sie bitte erklären, wie wir in uns selbst die Antworten finden können?
Lama: Lass einmal deine besessene Sinneswahrnehmung für eine Weile ausruhen und deinen ruhigen Geist an die Oberfläche kommen. Dann stell dieselbe Frage. Du wirst merken, dass die Antwort auf die Frage spontan aus der friedvollen Stille deines ruhigen Geistes aufsteigt.

Frage: Meinen Sie damit, dass wir uns selbst erleuchten sollen?
Lama: Ja, das ist genau das, was ich meine.

Frage: Wozu brauchen wir dann einen Lehrer?
Lama: Wir brauchen jemanden, der uns beibringt, wie wir die Antworten in uns selbst finden, wie wir unsere Energien in die richtigen Kanäle leiten, damit die korrekten Antworten auftauchen. Meist ist

die Antwort schon da, aber wir suchen sie da drüben, in der entgegengesetzten Richtung.

Frage: Hat der tibetische Buddhismus etwas, was die anderen Richtungen des Buddhismus nicht haben?
Lama: Erst einmal würde ich sagen, dass alle Richtungen des Buddhismus grundsätzlich dasselbe lehren, nämlich einen Ansatz zur Entwicklung des menschlichen Geistes. Als Individuen denken wir: »Ich bin Christ. Ich bin Jude. Ich habe diese Religion, ich habe jene.« Wir haben aber keine Ahnung, wie wir unsere Religion umsetzen können, wir kennen keine Methode. Das bleibt völlig dem Einzelnen überlassen. Der tibetische Buddhismus steht nicht im Widerspruch zu den anderen Richtungen, zum Zen, zum Hinayana und so weiter. Im Grunde sind sie alle gleich. Wenn wir natürlich etwas von außen betrachten, beurteilen wir es sehr oberflächlich. Wir fragen jemanden: »Welcher Religion gehörst du an?« Er sagt: »Ich bin ein Soundso.« Dann schauen wir, ob die Person glücklich ist oder nicht. Wenn wir das Gefühl haben, er sei nicht glücklich, heißt es: »Oh, er ist nicht glücklich, das muss ja eine schreckliche Religion sein.« Unsere Werturteile sind so beschränkt. Wir sollten mit unseren Urteilen ganz vorsichtig sein. Ich habe zum Beispiel heute über viele Dinge gesprochen. Wenn euch morgen jemand fragt: »Was hältst du wirklich davon, was Lama gestern gesagt hat?«, solltet ihr aufpassen, dass ihr nicht so antwortet, als ob eure Sichtweise die einzig akzeptable wäre. Jeder hier hat eine andere Meinung. Wir interpretieren Dinge durch unseren eingeschränkten Blickwinkel. Es kann gefährlich sein, kategorisch zu sagen: »Diese Religion ist so, und jene Religion ist so.«

Frage: Nun, woher weiß man, ob das, was man denkt, richtig oder falsch ist?
Lama: Schaut genau hin. Seid nicht einfach zufrieden damit, wie eure oberflächliche Wahrnehmung die Dinge interpretiert. Das sage ich immer wieder. Ihr habt tausend verschiedene Arten von

Geist in euch. Sie sagen euch in jeder Minute und jeden Tag: »Das ist gut. Nein, versuch mal das. Nein, vielleicht ist das besser.« Und eine Minute später sagt ihr dann: »Nein, ich will das.« Das verwirrt euch. Statt sofort nach etwas zu greifen, beobachtet, was euer Geist gerade attraktiv findet. Euer schizophrener Geist ändert seine Meinung jede Minute. Die unterschiedlichsten Ideen schießen euch durch den Kopf, und jede bringt so viel Aufregung, dass ihr sofort danach greift. Das ist es, was euch in Schwierigkeiten bringt. Statt zu jubeln: »Oh, fantastisch«, wenn ein Gedanke auftaucht, nehmt lieber etwas Abstand und schaut hin. Überprüft das Wie und Warum einer Idee.

Frage: Wie macht man das?
Lama: Ganz gründlich und mit Weisheit. Gedanken prüfen funktioniert nicht wie die Zollfahndung am Flughafen. Die kontrolliert nur oberflächlich. Wir prüfen den Geist mit durchdringender Weisheit. Sie schaut allen Phänomenen ins Herz. Weisheit erkennt viel mehr als nur Formen und Farben.

Frage: Wollen Sie damit sagen, dass man nur dadurch, dass man nach innen schaut, Lösungen für Probleme findet?
Lama: Sicher, aber nur dann, wenn ihr genug Weisheit einbringt. Wenn ihr eine Lösung findet, solltet ihr sicherstellen, dass sie auch zum Problem passt. Das hängt auch von der Natur des Problems ab, nicht nur von der Lösung selbst. Selbst wenn die Methode stimmt, müsst ihr den richtigen Moment abwarten, um sie anzuwenden. Der Zeitpunkt ist sehr wichtig. Wenn ihr emotional reagiert: »Oh, es gibt so viele Leute und so viele Probleme«, und dann mit eurem Auto in der Gegend herumfahrt und versucht, allen zu helfen, schafft ihr am Ende noch mehr Probleme und bekommt einen Nervenzusammenbruch.

Frage: Wie ging das Bewusstsein des Buddha verloren?
Lama: Buddha hat sein Bewusstsein nicht verloren. Wo hätte er es

verlieren können? Wie könnte Buddhas Bewusstsein verloren gehen? Buddha hat nichts verloren.

Frage: Aber sind wir nicht in der Situation, dass wir die Erleuchtung verloren haben, die wir einmal hatten?
Lama: Nein, das ist ein Missverständnis. Wenn man einmal die Buddhaschaft erlangt hat, kann man sie nicht mehr verlieren. Man bleibt für immer in dem Zustand der Erfüllung. Es ist nicht wie das Auf und Ab einer Drogenerfahrung. Wenn die Energie einer Droge verbraucht ist, kommst du vom Trip runter. Erleuchtung ist anders, sie ist vollkommen unzerstörbare, immerwährende Freude.

Frage: Ich finde es schwer, mit Arbeit und familiären Verpflichtungen meine spirituelle Praxis aufrechtzuerhalten.
Lama: Das geht vielen Leuten so. Die äußeren Bedingungen machen es uns schwer. Unser Geist ist wie der eines Kleinkindes. Wir sind sehr empfänglich für die Umgebung. Eine aufgeregte Atmosphäre regt auch unseren Geist auf. Ihr könnt selbst beobachten, welche Wirkung unterschiedliche Situationen auf euren Geist haben. Aber wenn wir Befreiung oder innere Freiheit erlangen, verwandeln wir die Bedingungen. Wenn wir über den konditionierten Geist hinausgehen, haben die Bedingungen keinen Einfluss mehr auf uns. Wir haben alles unter Kontrolle, weil wir die Wirklichkeit unseres Geistes und der Umgebung verstehen. Bis das so ist, sind die äußeren Bedingungen stärker als unser Geist, und wir lassen uns leicht von unserer Umgebung beherrschen.

Frage: Wenn jemand meint, er habe schon eine befriedigende Lösung für seine Probleme gefunden, welche Vorteile bringt dann Meditation?
Lama: Wenn jemand glaubt, er habe ohne Meditation eine Lösung für seine Probleme gefunden, halluziniert er vielleicht bloß. Ich mache nur Spaß. Deine Frage ist sehr wichtig. Ihr müsst wissen, was Meditation bedeutet. Meditieren heißt ist nicht, in einer Ecke zu sit-

zen und nichts zu tun. Meditation bedeutet, die Weisheit eures Verstandes zu nutzen und euch nicht einfach mit der oberflächlichen Wahrnehmung zufrieden zu geben. Meditation bedeutet, über das Oberflächliche hinauszusehen. Das nennen wir Meditation. Wenn jemand die durchdringende Weisheit, die das Wesen der Wirklichkeit versteht, nicht hat, halluziniert er bloß, und dann kann er unmöglich seine Probleme lösen. Er glaubt vielleicht, er hätte eine Lösung, aber er träumt nur.

Frage: Beginnt ein Leben mit der Befruchtung?
Lama: Ja, mit der Befruchtung. Bereits vor der Geburt – sogar schon dann, wenn ihr nur aus ein paar wenigen Zellen besteht – ist euer Bewusstsein schon da. Es ist natürlich schwierig für uns, uns daran zu erinnern, weil unser Geist so beschränkt ist. Es stimmt aber, dass unser Geist und unser Körper seit der Befruchtung miteinander verbunden sind.

Frage: Wie können wir unsere Emotionen am besten kontrollieren?
Lama: Wie ich schon gesagt habe: durch den stillen Geist. Wenn ihr merkt, dass starke Emotionen aufsteigen, entspannt euch. Statt nervös zu reagieren und euch aufzuregen, versucht, ruhig zu bleiben. Es gibt viele Möglichkeiten. Wenn ihr eure Emotionen mit eurem Geist wild umherrennen lasst, könnt ihr nicht vergessen, was euch quält. Setzt euch stattdessen lieber hin, entspannt euch und konzentriert euch auf euren Atem. Achtet genau darauf, wie euer Atem in euer Nervensystem fließt und beim Ausatmen wieder heraus. Das ist ganz einfach. Wenn ihr euch auf euren Atem konzentriert, beruhigt ihr euch automatisch. Das ist eine Lebenserfahrung und hat nichts mit religiösem Glauben zu tun. Ihr beobachtet euer Wesen. Solange ihr lebt, atmet ihr. Konzentriert also eure ganze Aufmerksamkeit auf das Kommen und Gehen des Atems und wie sich das anfühlt. Wenn ihr das schafft, beruhigen sich eure Emotionen und eure Fixierungen verschwinden. Es ist ganz einfach und praktisch. Ich kann euch garantieren, dass eure nervösen Emotionen verschwinden, wenn

ihr euren Atem nur einundzwanzig Atemzüge lang beobachtet. Ich habe mir das nicht ausgedacht, und ich übertreibe nicht. Es ist eine menschliche Erfahrung. Ihr könnt alle aus dieser Methode Nutzen ziehen, dazu braucht ihr keiner religiösen Gruppe anzugehören.

Frage: Was geschieht bei einer Einweihung?
Lama: Idealerweise verschmelzen der Geist des Lehrers und der Geist des Schülers auf derselben Ebene. Um eine Einweihung zu erhalten, muss der Guru nicht unbedingt körperlich anwesend sein. Wenn man seinen Geist auf eine bestimmte Ebene erheben kann, kann man sich selbst einweihen. Das ist möglich.

Wenn ihr keine weiteren Fragen mehr habt, können wir hier aufhören. Euch allen vielen Dank. Danke.

Prince Phillip Theatre, Universität Melbourne, 6. April 1975

Teil Drei:
Den Weg gehen

7 *Die Einstellung ist wichtiger als das Tun*

Obwohl sich heutzutage viele Leute der Grenzen des materiellen Wohlstands bewusst sind und für einen spirituellen Weg interessieren, wissen nur wenige den wahren Wert der Dharma-Praxis zu schätzen. Für die meisten bleiben Dharma-Praxis, Religion, Meditation, Yoga oder was auch immer, nur oberflächlich. Sie tragen andere Kleidung, essen etwas anderes, gehen anders und so weiter. Nichts davon hat irgendetwas mit Dharma-Praxis zu tun.

Bevor ihr Dharma praktiziert, müsst ihr genau herausfinden, warum ihr das macht. Ihr müsst genau wissen, welches Problem ihr lösen wollt. Eine Religion anzunehmen oder Meditation zu praktizieren, nur weil euer Freund das macht, ist nicht gut genug.

Eine Religion wechselt man nicht so leicht, wie man Stoff färbt. Das geht schnell, und was weiß war, ist dann rot. Ein spirituelles Leben ist etwas Geistiges, nichts Körperliches, dazu müssen wir unsere geistige Haltung verändern. Wenn ihr an eure spirituelle Praxis wie an materielle Dinge herangeht, entwickelt ihr nie Weisheit, das ist dann nur Theater.

Bevor ihr auf eine lange Reise geht, müsst ihr eure Route genau planen, und dazu studiert ihr eine Landkarte, denn sonst verirrt ihr euch. Blind irgendeiner Religion zu folgen, ist genauso gefährlich. Tatsächlich sind falsche Schritte auf dem spirituellen Weg schlimmer als die in der materiellen Welt. Wenn ihr das Wesen des Pfades zur Befreiung nicht versteht und falsch praktiziert, kommt ihr nicht nur nicht weiter, ihr landet in der entgegengesetzten Richtung.

Deshalb müsst ihr, bevor ihr mit der Übung beginnt, wissen, wo ihr steht, wie eure aktuelle Situation ist, und ihr müsst verstehen, wie euer Körper, euer Geist und eure Rede funktionieren. Dann erkennt ihr, dass Dharma-Praxis notwendig ist und könnt das auch logisch stimmig nachvollziehen. Aus eigener Erfahrung kennt ihr euer Ziel und habt es klar im Blick. Wenn ihr ohne eine präzise Vorstellung davon, was ihr macht, einfach loslegt, woher wisst ihr dann, ob ihr auf dem richtigen Weg seid? Es ist falsch, blind zu handeln und zu denken: »Lass mich mal anfangen, und ich schau dann mal, was passiert.« Da ist die Katastrophe vorprogrammiert.

Der Buddhismus ist nicht so sehr daran interessiert, was ihr macht, sondern eher an der Motivation, aus der heraus ihr handelt. Die geistige Haltung hinter einer Handlung ist viel wichtiger als das Handeln selbst. Außenstehenden erscheint ihr vielleicht als bescheiden, spirituell und ernsthaft, aber wenn euch innerlich ein unreiner Geist antreibt, wenn ihr ohne Kenntnis der Natur des Weges handelt, führt die ganze Mühe nirgendwohin und ist völlige Zeitverschwendung.

Vielleicht sieht euer Handeln religiös aus, aber wenn ihr dann eure Motivation, die geistige Haltung dahinter, überprüft, merkt ihr, dass sie das genaue Gegenteil davon ist. Ohne nachzuprüfen könnt ihr nie sicher sein, ob das, was ihr macht, Dharma ist oder nicht.

Vielleicht geht ihr sonntags in die Kirche oder jede Woche in euer Dharma-Zentrum, aber sind das wirklich Dharma-Handlungen oder nicht? Das müsst ihr überprüfen. Schaut nach innen und stellt fest, welche Art von Geisteshaltung euch zu diesen Handlungen motiviert.

In vielen Ländern gibt es eine historisch gewachsene religiöse Kultur. Es ist aber ein Trugschluss, wenn ihr glaubt, dass euer Handeln spirituell wird, wenn ihr einfach diesen Bräuchen folgt. Zuerst müssen wir einmal fragen: Was ist Kultur, und was ist eine soziale Tradition? Gesellschaftliche Konventionen haben nichts mit allesverstehendem Weisheitswissen zu tun. Individuell betrachtet, ist es ganz egal, woher ihr kommt – aus dem Osten oder aus dem Westen – die Traditionen einer Gesellschaft, die das Essen, Trinken, Schlafen und andere profane Aktivitäten betreffen, haben nichts mit Religion zu tun.

Wenn ihr anderer Ansicht seid, ist euer Verständnis sehr primitiv. Ich meine damit nicht, dass eure Religion primitiv ist. Ich meine damit, dass euer Verständnis von Religion primitiv ist. Ob ihr Buddhisten, Hindus, Christen oder irgendetwas anderes seid, wenn ihr eure Religion so betrachtet, dann ist das ein totales Missverständnis. Wenn ihr in die Kirche oder in den Tempel geht, nur weil das so üblich ist – »Ich gehe dahin, weil alle anderen auch hingehen.« –, dann ist das albern und unlogisch. Es ist bedeutungslos. Ihr habt keine Ahnung, was ihr macht oder warum.

Wenn ihr Dharma praktiziert, meditiert und den spirituellen Weg geht, macht es mit Verständnis. Wenn ihr nicht versteht, was ihr macht oder warum, lasst es sein.

Als Buddha zum Beispiel die Verhaltensregeln für Klöster, die Vinaya, verfasste, sagte er: »Wenn eure Motivation, Mönch oder Nonne zu werden, darin besteht, dass ihr Nahrung, Kleidung und ein Dach über dem Kopf haben wollt, könnt ihr nicht ordiniert werden.« Schaut euch unter dem Gesichtspunkt dieser Worte des Buddha an, warum ihr eurer Religion angehört. Oft übernehmen wir einen Glauben aus kurzsichtigen Gründen, zur Tröstung, oder »weil mir deren Ideen gefallen«. Woher wisst ihr, dass euch deren Ideen gefallen? Was genau gefällt euch daran? Habt ihr sie wirklich unter die Lupe genommen? Habt ihr geprüft, ob diese Ideen in euren Alltag passen? Bringen sie euch spirituelle Verwirklichungen und einen dauerhaft friedvollen Geist? Oder klingen sie nur gut? »Mir gefallen ihre Ideen, sie klingen gut.« Was klingt daran gut? Ihr müsst das überprüfen.

Unser oberflächlicher Geist klammert sich gerne an etwas an und schaut immer nach außen. Wir schauen nie nach, wie die Ideen, von denen wir hören, in unser tägliches Leben passen. Deshalb gibt es immer diesen großer Abstand zwischen uns – den Menschen – und der Theorie und Praxis einer Religion. Wozu ist dann der spirituelle Weg gut? Er ist vollkommen unnütz. Unser Ich geht völlig in seinem materialistischen Trip auf. Manche Leute schließen sich einer spirituellen Gruppe mit der Haltung an: »Es ist so einfach. Ich bekomme gutes Essen und muss nicht arbeiten.« Das zeugt von Kleingeist. Ich kritisiere hier niemand Bestimmten, ich verallgemeinere nur. Es ist nur ein einfaches Beispiel. Solche Leute gibt es in jeder Religion.

Deshalb müsst ihr wissen, wenn ihr euch entscheidet, irgendeine Religion zu praktizieren, warum ihr das tut. Es geht nicht nur darum zu lernen, was eine Religion sagt. Ihr müsst euren eigenen Geist prüfen: »Warum akzeptiere ich die Ideen dieser Religion?« Das müsst ihr unter die Lupe nehmen. Sonst habt ihr, auch wenn ihr die Philosophie eurer Religion studiert und den Kopf voller schöner Ideen habt, immer noch keine Ahnung, was diese Ideen mit eurem Leben zu tun haben. Das bedeutet, dass ihr den Sinn und Zweck von Religion überhaupt nicht versteht.

Wenn ihr meint, religiöse Praxis bedeute, neue Ideen kennenzulernen, dann lutscht lieber ein Bonbon. Da kommt dann zumindest etwas dabei heraus, denn euer Durst wird für eine Weile gestillt. Wenn ihr Monate und Jahre damit verbringt, neue Ideen zu erkunden und Informationen anzuhäufen, verschwendet ihr bloß eure Zeit, und all das ist Müll. Ich kritisiere hier nicht Religion, ich kritisiere bloß euren primitiven Geist.

Ihr denkt jetzt vielleicht: »Dieser Lama ist aus Tibet. Er ist der Primitive. Er meint das nicht ernst, wie kann er mich primitiv nennen?« Nun, ihr seid vielleicht sehr kompetent in Bezug auf euer modernes Leben im zwanzigsten Jahrhundert, aber was die spirituelle Psychologie angeht, seid ihr wirklich primitiv. Das ist möglicherweise so in der industrialisierten Welt, wo es sehr schwer ist, mit der Erfahrung der Lehren zu leben. Die materialistischen Schwingungen der weltlichen Dinge sind viel zu stark.

Vielleicht seid ihr, wenn ihr auf eurer spirituellen Reise bis jetzt nichts erreicht habt, einfach nicht spirituell. Überprüft das. Wenn ihr auf eurem spirituellen Weg einfach nur nach intellektuellen Ideen greift, habt ihr ganz sicher nichts erreicht. Ihr seid dann nicht religiös, auch wenn ihr verkündet, dass ihr dieser oder jener Religion angehört. Wenn ihr weiter darauf besteht, solltet ihr nachprüfen, warum ihr das sagt.

Es ist interessant, unter die Lupe zu nehmen, was – nach den Vorstellungen verschiedener Leute – religiöse Praxis ausmacht. Jeder und jede hat darüber eine ganz eigene Meinung. Es gibt da keine Übereinstimmung. Der beschränkte Geist der Leute vertritt beschränkte Meinungen in Bezug auf Religion und deren Wert. Darum sagen sie: »Diese Religion ist fanatisch, diese Religion ist dies, jene Religion ist das …« Das könnt ihr so nicht sagen. Es ist nicht die Religion, es sind ihre Anhänger.

Wenn wir sagen: »Diese Religion ist degeneriert«, meinen wir in Wirklichkeit, dass wir selbst degeneriert sind. Es fehlt uns an Wissen und Weisheit. Wir sagen: »Diese Religion war früher so, jetzt hat sie sich zurückentwickelt.« Wir sind es aber, die sich zurückentwickelt haben. Ihr könnt nicht sagen, dass eine Religion degeneriert ist. Religion ist Wissen und Weisheit. Wie können Wissen und Weisheit degenerieren?

Ihr könnt auch sagen: »Ich praktiziere Religion, ich meditiere. Ich mache dies, ich mache das, ich bete, ich lese Dharma-Bücher.« Jeder kann sagen: »Ich praktiziere dies, ich praktiziere das.« Aber welchen Bezug hat das zu eurem Geist? Das ist es, was ihr nachprüfen müsst. Löst eure Praxis eure geistigen Probleme? Bringt sie vollkommene Verwirklichung und universelles Wissen und Weisheit? Wenn ihr mit »Ja« antwortet, dann ist es in Ordnung.

Es ist komisch aber wahr, dass wir oft, sobald wir einen bestimmten religiösen Blickwinkel akzeptiert haben, völlig fanatisch werden: »Das ist der einzige Weg. Alle anderen Wege sind falsch.« Das bedeutet aber nicht, dass unsere Religion fanatisch ist. Es bedeutet einfach, dass wir zu religiösen Fanatikern geworden sind. Unser Geist wird eng, und wir können nur unseren eigenen eingeschränkten Standpunkt sehen. Und dann sagen wir: »Das ist so.« Selbst im Buddhismus gibt es viele verschiedene Arten zu praktizieren. Religiöse Praxis ist eine sehr individuelle Angelegenheit.

Nach dem westlichen Verständnis von Religion kann man den Buddhismus gar nicht als Religion betrachten. Die meisten Leute haben eine recht genaue Vorstellung davon, was Religion ist, und da passt der Buddhismus nicht hinein. Natürlich enthält der Buddhismus religiöse Aspekte, aber er hat auch philosophische, psychologische, wissenschaftliche, logische und viele andere Elemente. Der Ehrwürdige Buddha gab seine Unterweisungen auf vielen verschiedenen Ebenen, entsprechend den unterschiedlichen Geistesebenen seiner vielen Schüler. Er sagte selbst, dass sich seine Lehren manchmal zu widersprechen scheinen: »Manchen Schülern sage ich: ›Es ist so‹, anderen sage ich: ›Es ist so‹. Es hängt davon ab, was der Einzelne braucht. Deshalb will ich nicht, dass meine Anhänger sagen: ›Das ist so, weil der Buddha es gesagt hat‹. Das wäre total verkehrt.«

Ihr müsst alles überprüfen. Es liegt in eurer eigenen Verantwortung, ihr müsst wissen, was richtig oder falsch ist. Ihr könnt nicht einfach sagen: »Das ist wahr, weil Buddha es gesagt hat, weil Gott es gesagt hat.« Buddha hat das selbst ganz deutlich klargestellt: »Ich lehre dasselbe auf unterschiedliche Weise, weil der Geist der Leute sich unterscheidet. Eine einzige Erklärung passt nicht für alle, deshalb präsentiere ich meine Unterweisungen in einer systematischen und abgestuften Weise.« Obwohl Buddha seinen fortgeschrittenen Schülern lehrte, dass es keine Seele gibt, erklärte er den einfältigeren, dass es eine gibt. Warum waren seine Unterweisungen so widersprüchlich? Um zu verhindern, dass Anfänger nihilistisch werden. Wenn sie später so weit waren, lehrte er, dass es so etwas wie eine beständige und unabhängig existierende Seele nicht gibt.

Die Schlussfolgerung daraus ist, dass der Ehrwürdige Buddha der individuellen Psyche seiner Schüler entsprechend lehrte. Jede Unterweisung sollte ganz persönlich aufgefasst werden. Wenn ihr euch anschaut, wie der Buddhismus in verschiedenen Ländern praktiziert wird, seht ihr, dass es in jedem Land ganz spezifische Praktiken gibt. Ihr könnt den Buddhismus aber nicht nach den Praktiken einer bestimmten Gruppe beurteilen. Tibetische Buddhisten zum Beispiel verwenden oft Räucherwerk und Butterlampen als Gaben. Wenn ihr das isoliert betrachtet, kann euch das verleiten zu glauben, dass das notwendige Praktiken sind und dass eine Praxis ohne diese Gaben nicht richtig ist. Aber Tibets großer Yogi Milarepa lebte ohne Nahrung und Kleider in den Bergen. Er hatte weder Räucherwerk noch Butterlampen und konnte trotzdem sehr wohl praktizieren.

Religiöse Praxis hängt also nicht von den Bräuchen oder von oberflächlichen Veränderungen ab. Sie hat ausschließlich mit eurer inneren Haltung zu tun.

Es gibt eine tibetische Geschichte, die diesen Punkt unterstreicht. Der berühmte Yogi Dromtönpa beobachtete einmal einen Mann, wie er eine Stupa umrundete. Er sagte zu ihm: »Stupas umrunden ist schön und gut, aber wäre es nicht besser, du würdest Dharma praktizieren?« Dann ging er weiter.

Der Mann war etwas verdutzt und dachte: »Vielleicht meint er, dass Stupas umrunden eine zu einfache Praxis für mich ist und ich mehr davon habe, wenn ich Texte studiere.«

Etwas später sah Dromtönpa, wie der Mann konzentriert in heiligen Büchern las, und sagte: »Texte studieren ist schön und gut, aber wäre es nicht besser, du würdest Dharma praktizieren?« Wieder ging er weg.

Das verwirrte den Mann noch mehr, und er dachte: »Was, schon wieder ist es nicht recht? Irgendetwas stimmt mit mir nicht.« Er erkundigte sich, welcher Praxis sich der Yogi Dromtönpa widme. Dann wurde ihm klar: »Er meditiert. Dann muss er damit meinen, dass ich meditieren soll.«

Eine Weile später trafen sie sich wieder, und Dromtönpa fragte: »Was machst du denn so heutzutage?« Der Mann antwortete: »Ich meditiere viel.«

Darauf sagte Dromtönpa: »Meditation ist schön und gut, aber wäre es nicht besser, du würdest Dharma praktizieren?«

Das gab dem Mann den Rest, und er schrie: »Dharma praktizieren! Dharma praktizieren! Was, äh, meinst du mit, ›Dharma praktizieren‹?«

Darauf antwortete der große Yogi: »Wende deinen Geist ab von den Anhaftungen an das weltliche Leben.«

Ihr könnt heilige Stätten umrunden, in die Kirche oder ins Kloster gehen, Tempel besuchen oder in der Ecke sitzen und meditieren und nichts tun. Dromtönpa meinte, dass ihr, wenn ihr eure innere Haltung, die alten Angewohnheiten und das Greifen nach Sinnesobjekten nicht ändert, nie inneren Frieden findet, egal, was ihr tut. Eure Praxis bleibt wirkungslos. Wenn ihr eure innere Haltung nicht ändert, kommt ihr auf dem spirituellen Pfad nie weiter, wie viel ihr auch äußerlich verändert. Die Ursachen für die innere Aufregung bleiben weiter in euch.

Heutzutage interessieren sich viele Leute für Meditation, und natürlich tut die Praxis auch vielen gut. Wenn ihr aber die übermäßig aufgeregte Natur eures Geistes nicht in den Griff bekommt und nur mit Überheblichkeit denkt: »Ich meditiere«, stimmt etwas nicht mit eurer Meditation. Glaubt nicht, dass Meditieren immer richtig ist, unabhängig davon, wie ihr es macht. Es ist eine individuelle Angelegenheit. Ob ihr davon profitiert oder nicht, hängt vom Grad eures Verständnisses ab und davon, wie ihr praktiziert.

Wenn ihr jedoch die Theorie, die trockenen Ideen hinter eurem spirituellen Pfad kennt, und das, was ihr gelernt habt, im Alltag so aufrichtig wie möglich umsetzen könnt, wird eure Dharma-Praxis, eure Religion, die Meditation oder wie auch immer ihr es nennen wollt, wunderbar hilfreich und sehr kraftvoll. Wenn ihr allerdings irgendwelche eingefahrenen Vorstellungen habt, die nichts mit der Realität zu tun haben, und das dann Religion nennt, rennt ihr genau in die entgegengesetzte Richtung. Euer Geist ist verschmutzt mit Gedanken wie: »Ich bin dies, ich bin das.« Das müsst ihr überprüfen. Das ist sehr gefährlich.

Buddha sagte deshalb, dass Menschen mit einem schwachen Charakter und ohne das Selbstvertrauen, dem Leben ins Auge zu blicken, sich der Religion zuwenden, damit ihr Leben einfacher wird, nicht Mönch oder Nonne werden können. Er war da sehr deutlich. Er zeigte mit dem Finger genau auf den Geist. Für uns ist das genauso: Wenn wir uns einer religiösen Gruppe anschließen, um unseren Lebensunterhalt zu verdienen, unseren Ruf zu verbessern oder um andere materielle Vorteile zu bekommen, träumen wir nur. Das ist vollkommen unrealistisch. Es wird nie zur Erfüllung führen. Wenn wir diese Art von unterentwickeltem, spirituell primitivem Geist haben, lösen wir nie unsere Probleme oder erreichen auch keine höheren Verwirklichungen. Das ist unmöglich.

Wie ich bereits am Anfang gesagt habe, ist der Buddhismus deshalb nicht an euren Handlungen oder an euren äußeren Aspekten interessiert, sondern nur an eurem Geisteszustand. Eure Geisteshaltung bestimmt, ob euer Handeln zum Pfad der inneren Verwirklichung und Befreiung wird oder zur Ursache für Leid und Verwirrung.

Der Ehrwürdige Buddha sagte: »Klammert euch nicht an meine Philosophie und an meine Lehren. Anhaftung an irgendeine Religion ist einfach nur eine andere Form von geistiger Störung.«

Wir sehen, wie sich überall auf der Welt Menschen im Namen von Religion gegenseitig bekämpfen, wie sie miteinander Krieg führen, Gebiete einnehmen und sich gegenseitig umbringen. All diese Handlungen basieren auf einem groben Missverständnis. Religion ist kein Land, Religion ist kein Besitz. Die Menschen sind so unwissend. Wie soll das denn helfen? Religion ist dazu da, inneren Frieden zu schaffen und die Lebensbedingungen zu verbessern. Stattdessen wird sie dazu benutzt, mehr Verwirrung und Wut zu stiften. Nichts davon hat irgendetwas mit irgendeiner Religion zu tun. Das gilt nicht nur für den Buddhismus.

Dharma-Praxis ist eine Methode, um sich vollkommen von Anhaftung zu befreien. Seid aber vorsichtig. Vielleicht meint ihr: »Ich interessiere mich nicht mehr für materielle Dinge, denn das ist nicht richtig«, aber dann übertragt ihr alle materiellen Wünsche auf eure Religion. Anstatt eure tief verwurzelte Anhaftung zu zerstören, lenkt ihr sie in eine scheinbar akzeptable Richtung. Es bleibt trotzdem dieselbe Tour. Ihr merkt, dass Besitz nicht glücklich macht, aber dann klammert ihr euch stattdessen an eure Religion. Wenn dann jemand sagt: »Eure Religion ist Schrott«, rastet ihr aus.

Eine andere tibetische Geschichte beleuchtet die fehlende Verbindung zwischen intellektuellem Wissen und tief verwurzelter Gewohnheit. Ein Mönch fragte einmal einen seiner Freunde: »Was machst du denn so heutzutage?« Der Freund antwortete: »Ich meditiere viel über Geduld.« Dann sagte der Mönch: »Nun, du großer Meditierer, friss Scheiße!« Sein Freund regte sich sofort fürchterlich auf und antwortete wütend: »Friss doch selber Scheiße!«

Diese Geschichte zeigt, wie wir sind. Meditation über Geduld soll Wut kontrollieren, aber als der Mönch seinen Freund testete, regte sich der Meditierer über die kleinste Provokation auf. Er hatte die Idee von Geduld nicht in seinen Geist integriert. Was soll das Ganze dann? Es ist so, als ob ihr euer ganzes Leben lang warme Kleidungsstücke herstellt, immer mehr warme Kleider. Dann geht ihr eines Tages raus und werdet von einem Schneesturm überrascht und erfriert. So was kommt häufig vor. Wir haben alle von Millionären gehört, die verhungert sind. In dieser letzten Geschichte richtet der Meditierende seine ganze Energie auf seine Praxis, um sich von Zorn und Anhaftung zu befreien. Als er mit einer echten Lebenssituation konfrontiert wurde, konnte er seinen Geist nicht kontrollieren.

Wenn ihr wirklich ernsthaft und mit Verständnis praktiziert, findet ihr vollkommene Befreiung. Wenn euch dann Probleme begegnen, habt ihr damit überhaupt keine Schwierigkeiten. Diese Erfahrung zeigt dann, dass ihr euer Ziel erreicht habt, dass ihr wirklich euer Weisheitswissen praktisch umsetzt.

Wenn es uns gut geht, wenn wir oberflächlich glücklich sind, reden wir voller Energie über Religion: »Das ist toll, so super, bla, bla, bla«, und wir diskutieren voller Enthusiasmus über alle möglichen Ideen. Wenn dann Schwierigkeiten auftauchen, wenn etwas Schreckliches passiert, haben wir gar nichts in der Hand. Unser Geist ist vollkommen leer, ohne Verständnis, ohne Weisheit und ohne Kontrolle. Solcher Erfahrungen zeigen unser ausgesprochen primitives Verständnis von Religion, von Buddhismus, Dharma, Meditation, oder wie auch immer ihr es nennen wollt.

Wenn ihr echtes Verständnis erlangt habt und euch mit der rechten Geisteshaltung auf den richtigen Weg begeben habt, könnt ihr ohne Zweifel alle psychologischen Probleme endgültig lösen. Wenn ihr echte Praktizierende und Meditierende sein wollt, versucht ein reines, klares und realistisches Verständnis zu entwickeln, statt mit einem Geist, der von Theorien und Ideen verseucht ist, zu halluzinieren. Wenn ihr auf dem Pfad zur Befreiung Schritt für Schritt weiter geht, kommen die Verwirklichungen sicher.

Wenn sich ein hungernder Mensch plötzlich über reichhaltiges Essen hermacht, versetzt er seinen Magen in einen Schockzustand. Statt sich etwas Gutes zu tun, zerstört er sich selbst. Ohne nachzudenken, was in diesem bestimmten Moment am besten wäre, handelt er nach der allgemeinen Devise »nahrhaft essen ist gut« und stopft sich mit den besten Sachen voll. Essen mag gut sein, das heißt aber nicht, dass es auch für dich gut ist. Das hängt von jedem Einzelnen ab.

Genauso müsst ihr genau hinschauen, bevor ihr euch in alle möglichen spirituellen Praktiken stürzt, was für euch und eure gegenwärtige Situation angemessen ist. Ihr müsst euch über eure geistigen Probleme und euren Lebensstils bewusst werden, die unterschiedlichen Methoden erkunden und euch dann ganz bewusst eurer gegenwärtigen Situation gemäß entscheiden, welcher Ansatz momentan zu euch passt. Prüft nach, bevor ihr mit irgendeiner Praxis beginnt, ob sie wirklich zu euch passt oder nicht. Praktiken sind an sich weder gut noch schlecht. Eine Methode, die für eine Person wunderbar passt, kann Gift für eine andere sein. Etwas kann sich theoretisch hervorragend anhören, sich aber in Gift verwandeln, sobald es mit eurem Nervensystem, eurem Körper, eurer Rede oder eurem Geist in Berührung kommt.

Wenn ihr euren Geist versteht, könnt ihr ihm den richtigen Platz zuweisen und ihn kontrollieren. Mit Verständnis ist das leicht. Aber wenn ihr den springenden Punkt nicht versteht, könnt ihr das nicht erzwingen. Kontrolle muss auf natürliche Weise kommen. Es gibt keine unmittelbare geistige Kontrolle.

Meine Schlussfolgerung ist deshalb, dass die richtige geistige Einstellung wichtiger ist als das Handeln selbst. Bringt euren materialistischen Lebensstil nicht in die Dharma-Praxis ein. Das funktioniert nicht. Überprüft und korrigiert eure Motivation, bevor ihr meditiert.

Wenn ihr euch daran haltet, wird eure Meditation einfacher, und sie nützt euch auch, und das richtige Handeln bringt dann auch Verwirklichungen. Ihr braucht nicht nach Verwirklichungen zu hungern: »Oh, wenn ich das mache, erlange ich dann fantastische Verwirklichungen?« Ihr braucht keine Erwartungen, die Verwirklichungen kommen automatisch. Wenn euer Geist einmal den richtigen Weg eingeschlagen hat, kommen Verwirklichungen von ganz alleine.

Hängt auch nicht an eurem Glauben, denn dann werdet ihr bloß wütend, wenn jemand zu euch sagt, eure Religion sei schlecht. Das ist vollkommen unrealistisch. Sinn und Zweck von Religion ist, euch von eurem aufgeregten und unkontrollierten Geist zu befreien. Warum werdet ihr dann wütend, wenn jemand eure Religion schlechtmacht? Versucht euch von dieser Art von Geisteshaltung zu trennen, so gut ihr nur könnt. Wenn ihr euch vom verblendeten Geist befreit, werden innerer Friede, Verwirklichungen, Nirvana, Gott, Buddha, Dharma und Sangha – wie auch immer ihr es nennen wollt, es gibt so viele Namen – da sein. Das ist ganz natürlich.

Manche Leute denken: »Ich liebe meine Religion. Sie hat viele wunderbare Ideen.« Ihr liebt die Ideen, aber wenn ihr die Lehren eurer Religion nicht mit eurem Geist in Beziehung bringt, und sie nie praktisch umsetzt, was soll das dann? Ihr hättet mehr von weniger Ideen. Zu viele Ideen schaffen einen Konflikt in eurem Geist und verursachen Kopfschmerzen. Wenn ihr euch nur für religiöse Ideen interessiert und an schönen erhabenen Ideen hängt, während euer Leben hier unten abläuft, dann gibt es einen großen Abstand zwischen eurem Körper, eurer Rede und eurem Geist hier unten auf der Erde und euren großartigen Ideen am Himmel. Dieser Abstand sorgt dafür, dass euch beides stört: »Oh, Religion ist doch nicht so gut. Ich habe Kopfschmerzen. Ich dachte, Religion wäre fantastisch, aber jetzt macht sie mir nur Probleme.« Ihr jammert bloß. Das Problem entsteht in euch. Statt die zwei Dinge zusammenzufügen, die Religion und euer Leben, reißt ihr sie auseinander.

Das ist der Grund, warum Buddha den dualistischen Geist negativ nennt. Er sorgt nur für geistige Störungen, und wegen ihm kämpft ihr mit euch selbst. Der Geist, der über die Dualität hinausgeht, ist der Buddha-Geist, das ist letztendliche Weisheit, absolutes Bewusstsein, vollkommener Frieden, universelles Bewusstsein, er hat viele Namen.

Ihr könnt beobachten, wie euer dualistischer Geist in eurem Alltag funktioniert. Jedes Mal, wenn euch etwas begegnet, was euch gefällt, schaut ihr euch automatisch um, ob es nicht noch etwas Besseres gibt. Es gibt immer einen Konflikt in eurem Geist: »Das ist schön, aber wie wäre es hiermit?« Die Werbeindustrie baut auf dieser menschlichen Neigung auf, und die materielle Entwicklung in der Welt nimmt so sehr zu, weil ein Teil unseres Geistes ständig mit dem anderen konkurriert.

Das ist alles, was ich heute zu sagen habe. Wenn ihr Fragen habt, dann stellt sie jetzt.

Fragen

Frage: Wenn ich genau hinschaue, merke ich, dass Emotionen wie Gier oder Angst die Ursache für die Dinge sind, aber was kann ich dagegen tun? Ich weiß, wo sie herkommen, aber sie kommen trotzdem. Wie gehe ich damit um?
Lama: Das ist eine gute Frage. Die Sache ist die, dass du zwar die oberflächliche Emotion wahrnimmst, dass du aber nicht wirklich sehen kannst, wo die Energie, die sie aufsteigen lässt, herkommt. Die Grundlage der Emotion siehst du nicht. Es ist, als ob du eine Blume anschaust, aber ihre Wurzel nicht sehen kannst. Du sagst, du weißt, wo die Emotionen herkommen, aber in Wirklichkeit weißt du es eben nicht. Wenn du die Wurzel der Probleme wirklich verstehst, verschwinden sie von selbst.

Wenn du dich nun in einer Situation befindest, die dich psychisch so quält, wie du es beschreibst, kannst du Folgendes tun: Statt zwanghaft darauf zu achten, was du fühlst, konzentriere dich darauf, wie der gequälte Geist aufsteigt. Wenn du mit Weisheitswissen nach innen schaust und das ganz genau überprüfst, verschwindet der gequälte Geist von alleine. Du brauchst ihn nicht mit Gewalt zu vertreiben. Beobachte einfach. Sei weise und entspannt. Deine Frage ist eine gute Frage, und viele Leute teilen diese Erfahrung. Du gehst damit am besten so um, dass du den oberflächlichen Emotionen und jeglichen Sinnesobjekten, die sie hervorrufen, weniger Aufmerksamkeit schenkst. Schau stattdessen tief in deinen Geist, um herauszufinden, was die Emotion wirklich aufsteigen lässt.

Theosophische Gesellschaft, Adyar Theatre, Sydney, 7. April 1975

8 *Eine Einführung in die Meditation*

Seit Beginn der menschlichen Evolution auf diesem Planeten haben die Menschen nach besten Kräften versucht, ihr Glück zu finden und das Leben zu genießen. Sie haben eine unglaubliche Anzahl von Methoden entwickelt, um diese Ziele zu erreichen. Dazu gehören unterschiedliche Interessen und Arbeitsplätze, unterschiedliche Technologien und Religionen. Angefangen bei der Herstellung des kleinsten Bonbons bis hin zum ausgeklügelten Raumschiff liegt allem Tun die Motivation zu Grunde, Glück zu finden. Die Menschen tun das alles nicht ohne Grund. Wir kennen die Geschichte der Menschheit: Hinter allem steht das ständige Streben nach Glück. Gleichgültig, welche Fortschritte ihr mit der materiellen Entwicklung macht – und die buddhistische Philosophie spricht da Klartext –, beständiges Glück und Zufriedenheit sind damit nicht erreichbar. Der Ehrwürdige Buddha betonte das sehr, sehr deutlich. Es ist nicht möglich, Glück und Zufriedenheit nur durch materielle Dinge zu finden.

Als Buddha das verkündete, stellte er nicht bloß die Theorie eines intellektuellen Skeptikers in den Raum. Er hat das durch eigene Erfahrung entdeckt. Er hatte alles ausprobiert: »Vielleicht macht mich das glücklich, vielleicht macht mich jenes glücklich, vielleicht macht mich noch etwas anderes glücklich.« Er hat alles ausprobiert, seine Schlussfolgerungen daraus gezogen und dann seine Philosophie entwickelt. Keine seiner Unterweisungen ist bloß eine trockene intellektuelle Theorie.

Natürlich hat der moderne technologische Fortschritt Lösungen für manche körperlichen Probleme gefunden, wie zum Beispiel für Knochenbrüche und bestimmte Schmerzen. Der Ehrwürdige Buddha würde nie sagen, dass diese Methoden lächerlich sind, dass wir keine Ärzte oder keine Medizin brauchen. Er war nie extrem.

Dennoch ist jeder Sinneseindruck, ob schmerzhaft oder erfreulich, extrem unbeständig. Wir kennen das aus eigener Erfahrung, das ist nicht nur eine Theorie. Von Geburt an haben wir mit den Höhen und Tiefen unserer körperlichen Existenz zu tun. Manchmal sind wir schwach, und manchmal sind wir stark. Das wechselt dauernd. Aber obwohl die moderne Medizin durchaus bei körperlichen Gebrechen helfen kann, wird sie nie in der Lage sein, den unzufriedenen und undisziplinierten Geist zu heilen. Keine Medizin kann Zufriedenheit schenken.

Materie ist von Natur aus vergänglich, sie ist unbeständig und nicht von Dauer. Deshalb ist es aussichtslos, wenn wir versuchen, Begierden zu stillen und den unglücklichen Geist zufriedenzustellen. Es ist unmöglich. Es gibt keine Methode, einen unkontrollierten, undisziplinierten Geist mit materiellen Dingen zufriedenzustellen.

Dafür brauchen wir Meditation. Meditation ist die richtige Medizin für den unkontrollierten und undisziplinierten Geist. Meditation ist der Weg zur vollkommenen Zufriedenheit. Ein unkontrollierter Geist ist von Natur aus krank, und Unzufriedenheit ist eine Form von geistiger Störung. Was ist das richtige Gegenmittel dafür? Das ist Weisheitswissen, und es bedeutet, dass wir das Wesen der seelischen Phänomene verstehen und wissen, wie die innere Welt funktioniert.

Viele Leute wissen, wie Maschinen funktionieren, aber sie haben keine Ahnung von ihrem Geist. Sehr wenig Menschen wissen, wie die Welt ihrer Psyche funktioniert. Weisheitswissen ist die Medizin, sie erzeugt diese Art von Verstehen.

Jede Religion fördert Moral: Sie lehrt nicht zu stehlen, nicht zu lügen und so weiter. Grundsätzlich versuchen die meisten Religionen, ihre Anhänger zu dauerhafter Zufriedenheit zu führen. Worin besteht nun der buddhistische Ansatz, diese Art unkontrollierten Verhaltens zu verhindern? Der Buddhismus erzählt euch nicht nur, dass negatives Handeln schlecht ist, er erklärt euch auch, wie und warum es schlecht für euch ist, solche Dinge zu tun. Wenn man euch sagt, dass etwas schlecht ist, hält euch das aber nicht davon ab, es trotzdem zu tun. Es handelt sich immer noch um eine bloße Vorstellung, ihr müsst aber diese Ideen praktisch umsetzen.

Wie setzt ihr religiöse Ideen in die Tat um? Ohne eine Methode, mit der ihr Ideen umzusetzen lernt, ohne Verständnis, wie der Geist funktioniert, denkt ihr vielleicht: »Es ist schlecht, diese Dinge zu tun. Ich bin ein schlechter Mensch«, aber ihr könnt euch trotzdem nicht kontrollieren. Ihr könnt euch nicht davon abhalten, negative Handlungen zu begehen. Ihr könnt euren Geist nicht einfach kontrollieren, indem ihr sagt: »Ich will meinen Geist kontrollieren.« Das ist unmöglich. Es gibt aber eine psychologisch wirksame Methode, Ideen in die Praxis umzusetzen, nämlich die Meditation.

Das Wichtigste an einer Religion ist nicht die Theorie, es sind nicht die guten Ideen, denn die verändern nicht viel in eurem Leben. Was ihr wirklich wissen müsst, ist, welchen Bezug diese Ideen zu eurem Leben haben, wie ihr sie anwenden könnt. Der Schlüssel dazu ist Weisheitswissen. Mit Weisheitswissen kommt der Wandel automatisch, ihr braucht euch nicht selbst unter Druck zu setzen. Der undisziplinierte, unkontrollierte Geist entsteht auf natürliche Art und Weise, und das ist auch mit seinem Gegenmittel, mit der Kontrolle, der Fall.

Wie schon gesagt, wenn ihr in einer industrialisierten Gesellschaft lebt, wisst ihr, wie mechanische Dinge funktionieren. Wenn ihr aber versucht, dieses Wissen auf eure spirituelle Praxis anzuwenden und euren Geist und euer Verhalten radikal verändern wollt, schafft das Probleme. Ihr könnt euren Geist nicht so schnell verändern wie materielle Dinge.

Wenn ihr meditiert, erforscht ihr die Natur eurer eigenen Psyche gründlich und lernt so, die Phänomene eurer inneren Welt zu verstehen. Wenn ihr eure Meditation langsam und systematisch aufbaut, werdet ihr immer vertrauter damit, wie euer Geist funktioniert. Ihr lernt das Wesen der Unzufriedenheit verstehen und so weiter. Ihr lernt langsam, wie ihr eure Probleme selber lösen könnt.

Ihr braucht zum Beispiel ein gewisses Maß an Disziplin, damit eure Wohnung sauber und aufgeräumt bleibt. Da euer unzufriedener Geist von Natur aus ungeordnet ist, braucht ihr ein bestimmtes Maß an Verständnis und Disziplin, um ihn »aufzuräumen«. Da kommt Meditation ins Spiel. Sie hilft euch, den Geist zu verstehen und in Ordnung zu bringen.

Meditation bedeutet aber nicht, dass ihr nur in einer Ecke sitzt und nichts tut. Es gibt zwei Arten von Meditation, die analytische und die konzentrative. Die erste ist psychologische Selbstbetrachtung, die zweite entwickelt einsgerichtete Konzentration.

Vielleicht meint ihr: »Konzentration? Ich kann mich nicht konzentrieren«, aber das stimmt nicht. Ohne Konzentration könntet ihr nicht einmal einen Tag lang überleben, ihr könntet nicht einmal Auto fahren. Der Geist jedes Menschen hat zumindest ein bisschen Konzentration. Um euer unendliches Potenzial zu entwickeln, braucht ihr Meditation – und zwar ziemlich viel Meditation. Deshalb müssen wir alle mit der Konzentration arbeiten, die wir schon haben.

Natürlich verliert ihr das bisschen Konzentration, das ihr habt, wenn ihr die Kontrolle über euren Geist verliert, wenn ihr wütend werdet, oder euch irgendeine andere Emotion überwältigt. Trotzdem ist es nicht so, dass ihr überhaupt kein bisschen Ausrichtung und Konzentration habt. Konzentration ist nicht unmöglich oder unerreichbar, sie ist nicht da oben im Himmel und ohne Verbindung zu euch. Ihr müsst mit der Konzentration nicht ganz von vorne anfangen. Ihr habt schon ein bisschen Konzentration, sie muss nur weiterentwickelt werden. Dann könnt ihr euren wirren dualistischen Geist in Ordnung bringen. Der dualistische Geist ist unharmonisch. Solange er so ist, bleibt er von Natur aus unzufrieden, und selbst wenn ihr meint, ihr wärt körperlich und geistig gesund, seid ihr trotzdem geistig gestört.

Wir interpretieren Unzufriedenheit meistens sehr oberflächlich. Wir sagen leichthin: »Ich bin nie zufrieden«, aber wir verstehen nicht wirklich, was Unzufriedenheit ist, und wie tief sie geht. Jemand sagt vielleicht: »Du bist unzufrieden, weil du als Kind nicht lange genug gestillt worden bist«, und wir denken: »Oh ja, das wird der Grund sein.« Diese Art von Erklärung für ein geistiges Problem ist völlig falsch, ein komplettes Missverständnis. Die Ursachen für Unzufriedenheit sind auch nicht nur angeboren, und sie kommen nicht immer von innen. Unzufriedenheit kann auch von einer Philosophie oder von einer Lehre herrühren.

Woher sie auch immer kommt, Unzufriedenheit ist ein tiefes seelisches Problem, und ihr seid euch dessen nicht unbedingt bewusst. Ihr glaubt, ihr seid gesund, aber warum kann dann eine kleine Veränderung in euren Lebensumständen dazu führen, dass ihr total ausrastet? Das kommt daher, dass die Ursache für Probleme tief in eurem Unterbewusstsein verborgen liegt. Ihr seid nicht frei von Problemen, ihr seid euch nur nicht bewusst, was in eurem Geist vor sich geht. Das ist sehr gefährlich.

Für analytische Meditation, für das Überprüfen eures Geistes, braucht ihr keinen besonderen Glauben. Ihr braucht an gar nichts zu glauben. Ihr wendet einfach die Übung an und macht direkte Erfahrungen mit eurem Geist. Das ist ein sehr wissenschaftliches Vorgehen. Buddha lehrte, dass alle Menschen dieselbe Ebene erlangen können – nicht materiell, aber innerlich, in Bezug auf spirituelle Verwirklichungen. Durch Meditation können wir alle dasselbe Ziel erreichen, wenn wir die grundlegende Natur unseres eigenen Geistes erkennen.

Wir stellen oft fest, dass Leute misstrauisch sind gegenüber Menschen aus anderen Ländern oder gegenüber Menschen, die einer anderen Religion folgen. Sie haben Angst vor ihnen, sind verunsichert und denken: »Ich weiß nicht so recht.« Das geschieht, weil wir einander nicht verstehen. Wenn wir wirklich miteinander kommunizieren und einander verstehen, verschwinden die Ängste. Unser Wissen darüber, was andere Religionen lehren, und wie sie die menschliche Entwicklung beeinflussen, ist sehr beschränkt. Deshalb sind wir verunsichert, wenn wir deren Anhängern begegnen.

Wir denken uns nichts dabei, wenn ein Restaurant eine umfangreiche Speisekarte hat. Unterschiedliche Menschen mögen unterschiedliche Gerichte. Das bringt mehr Genuss ins Leben, und wir sind zufriedener. Mit Religion ist es genauso. Es braucht unterschiedliche Wege, weil der Geist der Menschen unterschiedlich ist. Wenn ihr das versteht, fühlt ihr euch nicht mehr unwohl in der Gesellschaft von Anhängern anderer Religionen, ihr akzeptiert sie so, wie sie sind.

Unser Problem ist, dass wir uns selbst nicht so akzeptieren, wie wir sind und andere auch nicht. Wir wollen, dass alles anders ist, als es ist, weil wir das Wesen der Wirklichkeit nicht verstehen. Unser oberflächlicher Blick, unsere eingefahrenen Ideen und falschen Vorstellungen hindern uns daran, die Wirklichkeit unseres Lebens zu verstehen.

Durch Meditation erkennen wir, wie wenig wir das Handeln von Körper und Geist kontrollieren können, und wie sehr es seelisch motiviert ist. Diese Erkenntnis führt zu einer natürlichen Kontrolle all eurer Handlungen. Ihr braucht nur eure seelischen Impulse zu verstehen, dann könnt ihr euch selbst therapieren. Dann braucht ihr nicht immer wie ein kleines Kind zu jemandem hinzulaufen und zu fragen: »Ist mit mir alles in Ordnung? Glaubst du, ich bin okay?« Es ist albern, dauernd jemand anderen zu fragen, ob mit euch alles in Ordnung ist. Dann benehmt ihr euch wie ein kleines Kind, und ihr seid immer unsicher. Sich auf jemand anderen verlassen zu müssen, um zu verstehen, ob ihr okay seid, macht euch bloß das Leben schwer. Meist glaubt ihr ja sowieso nicht, was die andere Person sagt, warum gebt ihr euch dann damit ab? Das ist doch alles bloß ein schlechter Witz.

Ihr solltet jeden Aspekt eures eigenen Lebens kennen. Dann wird euer Leben ausgeglichener, und ihr seht die Dinge klarer. Ein eingeschränkter Blick aufs Leben macht euch bloß unsicher.

Es gibt viele Arten seelischer Impulse, die euch dazu bringen, in einer bestimmten Weise zu handeln. Manche sind positiv, andere negativ. Statt das zu tun, was euch eure Impulse vorschreiben, ist es besser, etwas Abstand zu nehmen und zu fragen: »Warum mache ich das?«

Wenn ihr zum Beispiel Kopfschmerzen habt, fragt ihr normalerweise: »Was für Kopfschmerzen sind das?« Stattdessen könnt ihr einmal fragen: »Warum habe ich Kopfschmerzen? Woher kommen sie?« Die Ursachen der Kopfschmerzen zu erforschen ist interessanter, als nur zu versuchen herauszufinden, *was* sie sind. Manchmal gehen sie wieder weg, weil ihr die Ursachen erkennt. Sich nur verwundert zu fragen, was Kopfschmerzen sind, bringt keine Einsicht. Ihr könnt dann nur das oberflächliche Gefühl sehen, nicht den Hintergrund oder die tiefen Ursachen.

Manche Leute denken: »Ich werde jeden Tag älter. Wie kann ich da meinen Geist entwickeln?« Wenn ihr glaubt, dass euer Geist genau wie der Körper altert und degeneriert, seht ihr das falsch. Geist und Körper funktionieren und entwickeln sich auf unterschiedliche Weise.

Meditation ist nicht unbedingt eine heilige Handlung. Wenn ihr meditiert, braucht ihr euch keine heiligen Dinge oben im Himmel vorzustellen. Es ist auch Meditation, wenn ihr euch einfach euer Leben von der Geburt bis jetzt genau anschaut und prüft, welche seelischen Impulse euch ständig antreiben. Euren Geist zu beobachten, ist viel interessanter, als fernzusehen. Wenn ihr euren Geist anschaut, findet ihr fernsehen langweilig. Es ist extrem interessant, im Detail zu erforschen, was ihr von Geburt an gemacht habt, nicht so sehr im Hinblick auf eure körperlichen Handlungen, sondern im Hinblick auf die seelischen Impulse, die euch antreiben. So macht ihr euch damit vertraut, wie eure innere Welt funktioniert.

Wenn ihr euren Geist mit Weisheitswissen analysiert, werdet ihr geistig gesund. Dann versteht ihr, dass euer Glück nicht von Schokolade abhängt, und könnt auch ohne Schokolade glücklich und zufrieden sein. Normalerweise denkt ihr: »Nur wenn ich Schokolade habe, bin ich glücklich. Ohne sie kann ich nicht glücklich sein.« Mit dieser Art von Entschlossenheit, die aus Anhaftung entsteht, baut ihr euch eine Lebensphilosophie. Wenn dann keine Schokolade mehr da ist, werdet ihr nervös: »Oh, ich bin so unglücklich.« Es ist aber nicht das Fehlen der Schokolade, das euch unglücklich macht, es sind die eingefahrenen Vorstellungen. Euer Geist verleitet euch, daran zu glauben, dass euer Glück von äußeren Objekten abhängt. Eure seelischen Impulse machen euch geistig krank. Leute haben Heimweh, nicht wahr? Nun, hier ist eine neue Krankheit: Schoko-weh. Ich hoffe, ihr versteht, was ich meine.

Natürlich ist das nur ein Beispiel dafür, wie unser Geist auf Ideen abfährt. Im Laufe unseres Lebens verbeißen wir uns auf diese Art in Tausende von Ideen: »Wenn ich das habe, bin ich glücklich, wenn ich jenes habe, bin ich glücklich. Ich kann nicht glücklich sein, wenn ich das nicht habe, ich kann nicht glücklich sein, wenn ich jenes nicht habe.« Wir fixieren uns auf dies, und wir fixieren uns auf das, aber das Leben verändert sich ständig. Es läuft ab wie eine batteriebetriebene Uhr. Ihr könnt Vergänglichkeit einfach durch Beobachten wahrnehmen.

Eingefahrene Vorstellungen wühlen uns auf, und dann fühlt sich unser Geist unwohl, aufgeregt und gespalten. Dem Buddha zufolge ist es reine Einbildung, wenn wir großes Vertrauen in materielle Objekte setzen und denken: »Nur das macht mich glücklich.«

Wenn ihr eure Beziehung zu Schokolade versteht, versteht ihr, dass sie vergänglich ist. Schokolade kommt, Schokolade geht, Schokolade verschwindet. Das ist ganz natürlich. Wenn ihr versteht, dass das natürlich ist, habt ihr keine Angst mehr. Wenn ihr euch andererseits an Schokolade klammert, lehnt ihr die natürliche Ordnung ab. Wie könnt ihr die Welt ablehnen und denken: »Ich will immer sechzehn bleiben?« Gleichgültig, wie sehr ihr euch wünscht, dass die Dinge immer gleich bleiben, es klappt doch nie. Es ist eine vollkommen falsche Vorstellung. Vom buddhistischen Standpunkt aus gesehen träumt ihr. Gleichgültig, ob ihr an Religion glaubt oder sie ablehnt – ihr träumt.

Wenn ihr dazu neigt, Vorstellungen zu verfestigen, seid ihr Gläubige. Auch wenn ihr stolz sagt: »Ich bin Skeptiker, ich glaube an gar nichts«, ist das nicht wahr. Prüft das nach: Ihr seid Gläubige. Nur zwei oder drei Fragen beweisen das. Seid ihr der Ansicht, manche Dinge seien gut? Seid ihr der Ansicht, manche Dinge seien schlecht?

Natürlich. Das ist eine Art von Glauben. Was sollte Glaube sonst sein?

Glaube ist etwas, das ihr mit eurer eigenen Logik schafft – unabhängig davon, ob er richtig oder falsch ist. Jeder hat seine eigenen Argumente, wenn er denkt: »Das ist gut, das ist schlecht.« Sogar völlig unlogische Begründungen reichen manchen Leuten aus, und sie ziehen den Schluss: »Menschenskind! Das gefällt mir.« Aus diesem oder jenem Grund denken sie: »Ja, so ist es!« Das ist eine eingefahrene Vorstellung, das ist Glaube.

Ich möchte nicht zynisch klingen, aber das ist meine Erfahrung. Ich habe viele westliche Skeptiker getroffen und es nachgeprüft. Auf der intellektuellen Ebene sagen sie: »Ich glaube an gar nichts«, aber wenn ihr sie ein paar Sachen fragt, entdeckt ihr sofort ihre Glaubenssätze. Das ist meine Lebenserfahrung, das ist keine abstrakte Philosophie.

Meditation hat die Funktion, die abgespaltenen Elemente des Geistes zusammenzufügen und einen zerstreuten Geist ganz zu machen. Meditation schenkt dem unzufriedenen Geist Zufriedenheit und lässt die Vorstellung explodieren, dass Glück nur von den Umständen abhängt.

Das müsst ihr verstehen. Schwache Menschen können mit Problemen nicht umgehen. Durch Meditation werdet ihr stark genug, euren Problemen ins Auge zu sehen, statt vor ihnen davonzulaufen. Durch Meditation lernt ihr, eure Probleme anzunehmen und geschickt mit ihnen umzugehen.

Die Philosophie des Buddha und die Erfahrungen von Generationen buddhistischer Praktizierender lehren, dass sich ein Problem nicht einfach dadurch auflöst, dass dir jemand sagt: »Du hast dieses Problem aus diesem oder jenem Grund.« Jemand interpretiert etwas für euch, sagt ein paar Worte und plötzlich seht ihr Licht: »Oh, ja danke, mein Problem ist gelöst.« Das ist nicht möglich. Die Ursache der Probleme liegt zu tief, als dass es so funktionieren könnte. Dieser Ansatz ist zu oberflächlich, so könnt ihr eure Probleme nicht lösen.

Die grundsätzliche Ursache von Problemen liegt nicht im Verstand. Wenn es so wäre, wenn Probleme einfach aus Vorstellungen entstünden, könnte es vielleicht funktionieren, dass jemand euch vorschlägt, eure Denkweise zu ändern, und schon wären alle eure Probleme gelöst. Um euren unzufriedenen und undisziplinierten Geist zu überwinden und eure seelischen Probleme zu lösen, müsst ihr euer eigener Psychologe werden. Mit anderen Worten, ihr müsst Weisheitswissen werden.

Um euch zu befreien, müsst ihr euch selber kennen. Sich selber kennenzulernen ist eine großartige Leistung. Gleichgültig, wohin ihr dann geht – hoch in den Himmel oder unter die Erde – ihr tragt die Lösung für eure Probleme in euch.

Schokolade könnt ihr allerdings nicht immer bei euch haben. Ihr wisst ja aus eigener Erfahrung, dass ihr immer unglücklich seid, gleichgültig wo ihr hingeht, und dass ihr euren unzufriedenen Geist immer mitbringt. Der Ort ist nicht das Problem. Es ist euer Geist. Selbst wenn ihr auf den Mond fliegt, könnt ihr euren Problemen nicht entkommen. Euer unzufriedener Geist ist immer dabei. Was soll die Reise zum Mond, wenn ihr euren unzufriedenen Geist mitnehmt? Wir denken. »Super! Auf den Mond fliegen! Fantastisch!« Es ist nicht fantastisch, es ist nur ein weiterer Trip.

Wenn ihr genauer hinschaut, ist nicht alles fantastisch, was auch immer ihr normalerweise für fantastisch haltet – Sinnesfreuden und so weiter. Ihr rennt immer nur im Kreis herum, es ist derselbe alte Trip, immer und immer wieder. Euer Geist verändert sich, und ihr denkt: »Ich bin glücklich.« Euch wird langweilig, ihr verändert euch wieder, und so geht das die ganze Zeit. Das bisschen Glück, das ihr erlebt, hält nie an. Um dauerhafte Zufriedenheit, Freiheit und Freude zu erfahren, müsst ihr eure eigene Weisheit ins Spiel bringen. Ihr müsst euch eures eigenen Verhaltens und der Impulse, die euch zum Handeln bringen, eurer Motivation für euer Handeln, völlig bewusst werden.

Wenn ihr das schafft, ist euer kraftvolles und kostbares menschliches Leben wirklich der Mühe wert. Wenn nicht, ist es nicht sicher, ob euer Leben der Mühe wert ist oder nicht.

Ist das nicht ganz einfach? Wie schwer ist es, euren Geist zu beobachten? Ihr braucht nicht in einen Tempel zu gehen, ihr braucht nicht in die Kirche zu gehen. Euer Geist ist sowieso euer Tempel, euer Geist ist eure Kirche. Dort bringt ihr euren Geist mit eurem Weisheitswissen in Harmonie. Es ist ganz einfach. Und ihr könnt das, was ich sage, nicht ablehnen und behaupten: »Ich brauche meine seelischen Impulse nicht zu verstehen.« Das könnt ihr nicht sagen. Wir reden hier über euren eigenen Geist. Ihr müsst eure seelischen Phänomene verstehen. Sie sind ein Teil von euch. Ihr müsst wissen, wer ihr seid, ihr müsst euer eigenes Wesen verstehen. Der Ehrwürdige Buddha sagte nie: »Ihr müsst Buddha verstehen.« Er betonte etwas anderes und sagte: »Ihr müsst euch selber verstehen.«

Normalerweise verstehen wir darunter, unser eigenes Verhalten zu beobachten, das zu beobachten, was wir körperlich tun. Seelische Impulse werden aber nicht automatisch zu offensichtlichem Handeln. Damit wir die Impulse beobachten können, die sich nicht im Außen manifestieren und die deshalb unserem Blick verborgen sind, müssen wir meditieren. Wenn wir tief meditieren, integrieren oder harmonisieren wir unseren Geist. Wir kontrollieren so automatisch die Aufregung, die normalerweise durch die Sinneswahrnehmung entsteht, die wir aus der dualistischen Sicht heraus projizieren. Mit anderen Worten: Wir können unsere Sinneswahrnehmung transzendieren. Wir alle können diese Ebene erreichen.

Überprüft deshalb euer eigenes Potenzial, dann könnt ihr eure seelischen Impulse verstehen und immerwährende Zufriedenheit und Freude entwickeln. Wenn ihr eure Erfahrungen prüft, klären sich eure Prioritäten; ohne zu prüfen, geschieht das nicht, dann wird euer Leben Wischiwaschi, ungewiss und unsicher.

Warum finden wir keinen Frieden? Weil wir nicht zufrieden sind. Nach Ansicht des Buddhismus ist der unzufriedene Geist daran schuld. Er ist das eigentliche Problem. Das Wesen der Unzufriedenheit ist Aufregung, und ihre Funktion besteht darin, unseren geistigen Frieden zu stören.

Die Menschen finden heraus, woher materielle Dinge kommen und woraus sie gemacht sind, indem sie sie genau untersuchen. Wenn ihr euch bei der Erforschung eurer inneren Welt dieselbe Mühe gebt, könnt ihr wahre Zufriedenheit finden.

Das reicht vielleicht für jetzt. Da ihr keine Fragen habt, sage ich einfach: »Gute Nacht«, und danke euch sehr.

Anzac House, Sydney, 8. April 1975

9 *Geh den Weg, ohne an ihm zu hängen*

Wer Meditation oder Religion praktiziert, sollte sich nicht mit Anhaftung an eine Idee klammern. Unser Geist greift oft nach Dingen, die gut klingen, aber das kann extrem gefährlich sein. Wir halten viel zu leicht Dinge für gut, nur weil wir hören: »Oh, Meditation ist sehr gut.« Natürlich ist Meditation gut für euch, wenn ihr versteht, worum es sich dabei handelt und wie man richtig meditiert. Ihr könnt damit ganz sicher Antworten auf eure Lebensfragen finden. Was ich sagen will, ist Folgendes: »Gleichgültig, was auch immer ihr im Bereich von Philosophie oder Religion tut, klammert euch nicht an Ideen. Haltet euch nicht am Weg fest.«

Ich rede jetzt nicht von äußeren Objekten, ich rede von inneren, seelischen Phänomenen. Ich rede davon, einen gesunden Geist zu entwickeln, das zu entwickeln, was der Buddhismus das unzerstörbare Weisheitswissen nennt.

Manche Leute genießen ihre Meditation und die Zufriedenheit, die damit einhergeht. Gleichzeitig klammern sie sich aber an die intellektuelle Vorstellung: »Oh, Meditation ist für mich ideal. Sie ist das Allerbeste auf der ganzen Welt. Ich erreiche etwas. Ich bin so glücklich!« Wie reagieren sie aber, wenn jemand ihre Praxis schlechtmacht? Wenn sie sich nicht aufregen, ist das fantastisch. Das zeigt, dass sie ihre religiöse oder meditative Praxis richtig machen.

Es kann sein, dass ihr große Hingabe für Buddha oder Gott oder für etwas anderes empfindet, ein tiefes Verständnis und viel Erfahrung habt, und euch dessen, was ihr tut, hundertprozentig sicher seid. Wenn es aber auch nur das kleinste bisschen Anhaftung an eure Vorstellungen gibt, flippt ihr vollkommen aus, sobald jemand sagt: »Du hast Hingabe für Buddha? Buddha ist ein Schwein!« oder: »Du glaubst an Gott? Gott ist schlimmer als ein Hund!« Worte können Buddha nicht in ein Schwein oder Gott in einen Hund verwandeln, aber trotzdem regt sich eure Anhaftung, euer idealistischer Geist fürchterlich auf: »Oh, das tut so weh! Wie kannst du es wagen, so etwas zu sagen?«

Gleichgültig, was jemand sagt – Buddha ist gut, Buddha ist schlecht – die absolut unzerstörbare wahre Natur des Buddha bleibt davon unberührt. Niemand kann seinen Wert erhöhen oder vermindern. Es ist dasselbe, wenn euch Leute gut oder schlecht nennen. Ihr bleibt gleich, unabhängig davon, was sie sagen. Worte von anderen können eure Wirklichkeit nicht verändern. Warum erlebt ihr dann Höhen und Tiefen, wenn euch jemand lobt oder kritisiert? Das liegt an eurer Anhaftung, an eurem Geist, der klammert, und an euren eingefahrenen Vorstellungen. Macht euch das klar.

Untersucht das, denn es ist sehr interessant. Überprüft eure Psyche, eure Muster. Wie reagiert ihr, wenn jemand zu euch sagt, euer Weg sei vollkommen falsch? Wenn ihr die Natur eures Geistes wirklich versteht, reagiert ihr auf so etwas überhaupt nicht. Wenn ihr aber eure eigene Psyche nicht versteht, wenn ihr halluziniert und euch leicht verletzt fühlt, wird euer geistiger Frieden schnell gestört. Es sind nur Worte, Ideen, und trotzdem regt ihr euch so leicht auf.

Unser Geist ist unglaublich. Unsere Höhen und Tiefen haben nichts mit der Realität, nichts mit der Wahrheit zu tun. Es ist sehr wichtig, dass ihr die psychologischen Mechanismen dieser Prozesse versteht.

Der Gedanke, dass unser eigener Weg und unsere eigenen Ideen gut, wertvoll und perfekt sind, ist weit verbreitet. Wenn wir uns darauf extrem konzentrieren, werten wir andere Wege und Ideen unbewusst ab.

Vielleicht meine ich: »Gelb ist eine fantastische Farbe«, und erkläre euch ganz ausführlich, warum Gelb gut ist. Aufgrund all meiner logischen Argumente denkt ihr dann auch: »Gelb ist gut, Gelb ist die perfekte Farbe.« Das lässt automatisch gegensätzliche Glaubenssätze in eurem Geist aufsteigen: »Blau ist nicht so gut, Rot ist nicht so gut.«

Zwei Dinge geraten da in Konflikt miteinander. Das ist zwar weit verbreitet, aber ein Fehler, besonders wenn es sich dabei um Religion handelt. Wir sollten solche Widersprüche in unserem Geist nicht dulden und nicht automatisch eine Sache ablehnen, weil wir eine andere gut finden. Wenn ihr genau hinschaut, merkt ihr, dass ihr zwar nicht blind einer äußeren Sache nachlauft, euer Geist aber zu extrem in eine Richtung geht. Dann erscheint sofort das andere Extrem im Gegensatz dazu, und der Konflikt zwischen den beiden bringt euren Geist ins Ungleichgewicht und stört euren inneren Frieden.

So entsteht religiöse Voreingenommenheit. Ihr sagt: »Ich gehöre zu dieser Religion«, und ihr fühlt euch verunsichert, wenn ihr jemandem begegnet, der einer anderen Religion folgt. Das bedeutet, dass euer Weisheitswissen schwach entwickelt ist. Ihr versteht die wahre Natur eures Geistes nicht und klammert euch an eine extreme Sichtweise. Lasst nicht zu, dass euer Geist auf dieses Weise verunreinigt wird, und geht in Sachen geistiger Gesundheit lieber auf Nummer sicher. Sinn und Zweck religiöser Praxis, von Buddhismus, Dharma, Meditation, oder wie auch immer ihr es nennen wollt, ist ja schließlich, dass sie euren Geist über ungesunde, widerstreitende geistige Haltungen hinausführen.

Buddha ermahnte seine Schüler zu einer Praxis ohne Anhaftung. Obwohl er eine präzise und unglaublich universelle Methode lehrte, nahm er seinen Schülern das Versprechen ab, sich nicht an seine Unterweisungen oder an Verwirklichungen, an innere Freiheit, Nirvana oder sogar Erleuchtung zu klammern.

Es ist schwierig, besonders in einer materialistischen Gesellschaft, Freiheit von Anhaftung zu erreichen. Es ist so gut wie unmöglich für euch, mit materiellen Dingen ohne Anhaftung umzugehen. Das führt dazu, dass ihr gegenüber spirituellen Dingen zum Greifen und Festhalten neigt. Obwohl es schwer ist, müsst ihr euch anschauen, wie die Psychologie des Buddha euch den Weg zur perfekten geistigen Gesundheit zeigt, frei von extremen Ansichten über dieses oder jenes.

In unserem gewöhnlichen weltlichen samsarischen Leben klammern wir uns so leicht an Dinge, die uns gefallen, und niemand sagt uns je, dass wir Anhaftung vermeiden sollten. Obwohl der Ehrwürdige Buddha seinen Schülern die beste Methode zum Erlangen des höchsten Zieles lehrte, ermahnte er sie immer, Anhaftung daran zu vermeiden. Er sagte: »Wenn ihr nur das kleinste bisschen Anhaftung mir oder meinen Lehren gegenüber habt, seid ihr nicht nur seelisch krank, ihr zerstört auch jede Chance, vollständige und perfekte Erleuchtung zu erlangen.«

Er sagte auch nie, man solle seinem Weg gegenüber voreingenommen sein, und dass es gut sei, seinem Weg zu folgen, und schlecht, den Wegen anderer zu folgen. Tatsächlich gehört zu einem der Bodhisattva-Gelübde, die er seinen Anhängern abnahm, das Versprechen, die Lehren anderen Religionen nicht zu kritisieren. Überlegt einmal, warum er das tat. Es zeigt, wie vollkommen er die menschliche Psyche verstand. Wenn wir das gewesen wären, hätten wir gesagt: »Ich lehre euch die höchste, perfekteste Methode. Alle anderen sind gar nichts dagegen.« Wir gehen mit genauso viel Konkurrenzdenken an den spirituellen Pfad heran wie an materielle Dinge. Wenn wir so weitermachen, werden wir nie geistig gesund, entdecken nie Nirvana oder die ewige, friedvolle Erleuchtung. Wozu soll unsere spirituelle Praxis dann gut sein?

Untersucht das. Wenn ihr bei euren weltlichen samsarischen Aktivitäten und Beziehungen eine Idee habt oder etwas auswählt und denkt: »Das ist so gut«, taucht automatisch gleichzeitig ein Widerspruch in eurem Geist auf. Wenn ihr auf weltliche, egoistische Art und Weise verliebt seid, prüft, ob euer Geist extrem ist oder nicht, und ihr werdet merken, dass er extrem ist.

Genauso solltet ihr Extreme bei eurer spirituellen Praxis vermeiden. Natürlich sollt ihr deshalb nicht aufhören, Dharma zu praktizieren oder zu meditieren. Ihr müsst trotzdem etwas tun. Übt einfach eurem Verständnis entsprechend.

Das soll auch nicht heißen, dass ihr euren Geist gegenüber anderen Religionen verschließt. Ihr könnt jede Religion studieren, ihr könnt sie überprüfen. Das Problem ist, dass ihr andere Religionen und Philosophien abwertet, wenn ihr euch für eine entscheidet und dann extrem an deren Vorstellungen hängt und die Ideen der anderen ablehnt oder als minderwertig seht. Das passiert, weil ihr den Sinn und Zweck von Religion nicht versteht, nicht wisst, warum es sie gibt, oder wie ihr praktizieren sollt. Wenn es anders wäre, würdet ihr euch gegenüber anderen Religionen nie unsicher fühlen. Unkenntnis über das Wesen und den Sinn und Zweck anderer Religionen weckt Furcht vor deren Anhängern. Wenn ihr versteht, dass der Geist unterschiedlicher Menschen unterschiedliche Methoden und Lösungen braucht, versteht ihr, warum es so viele Religionen gibt.

Es lohnt sich wirklich, diese einfachen psychologischen Zusammenhänge zu verstehen. Dann erlebt ihr kein Auf und Ab, wenn jemand euch gut oder schlecht nennt, denn ihr versteht, dass euch das, was die Leute sagen, weder gut noch schlecht macht. Wenn ihr jedoch merkt, dass ihr Höhen und Tiefen erlebt, je nachdem, was andere sagen, könnt ihr daran erkennen, dass euer Geist unrein ist und dass ihr die Wirklichkeit nicht seht. Deshalb stempelt euer relatives, profanes Urteilsvermögen die Dinge als gut oder schlecht ab, und euer Geist geht entsprechend rauf und runter. Dieses Auf und Ab kommt daher, dass euer Geist euch vorgaukelt, dass diese Dinge wirklich gut oder schlecht sind. Nur deswegen erlebt ihr dieses Auf und Ab.

Wenn ihr dieser oberflächlichen Sichtweise einfach nicht mehr glaubt, gibt es keinen Grund mehr für das Auf und Ab, wenn jemand »gut« oder »schlecht« sagt. Worte sind keine Wirklichkeit, Vorstellungen sind keine Wirklichkeit. Vergesst einmal die letztendliche Natur eures Geistes. Selbst wenn ihr nur die relative Natur eures Geistes versteht, kann niemand mehr mit ein paar Worten ein Auf und Ab in euch auslösen. Selbst auf dieser eher oberflächlichen Verständnisebene erkennt ihr etwas von der Wahrheit in euch.

Ein großer Teil unseres Leidens entsteht, weil wir uns um unseren guten Ruf sorgen. Statt uns damit zu beschäftigen, wer wir wirklich sind, beschäftigen wir uns damit, was andere von uns halten. Wir schauen zu sehr nach außen. Das ist unglaublich. Für den Buddhismus ist das ein kranker Geist, total und klinisch krank.

Natürlich betrachten westliche Psychologen das nicht als Geisteskrankheit. Sie benutzen eine andere Terminologie. Woher kommt die unterschiedliche Einschätzung? Sie entsteht, weil Buddha uns lehrt, nach dem höchsten Ziel zu streben – nach immerwährendem, unzerstörbarem inneren Frieden – und erst, wenn wir diese Ebene des Geistes erreicht haben, betrachtet uns der Buddhismus nicht länger als krank. Bis dahin neigt unser Geist dazu, ständig rauf und runter zu gehen und ist deshalb noch krank, und wir brauchen Medizin: Meditation, Dharma-Praxis, oder wie auch immer ihr es nennen wollt. Das ist eine wirklich tiefgründige Psychologie.

Westliche Psychologen erklären euch für klinisch gesund, wenn ihr euren Alltag meistert, mit euren Freunden kommunizieren könnt und so weiter. Sie sagen dann: »In Ordnung, Sie können jetzt wieder gehen!« Sie sind leicht zufrieden zu stellen. Aber der größte Psychologe, der Buddha, schaut tiefer. Er sieht, was in der Tiefe des Unbewussten vor sich geht. Westliche Psychologen sind stolz darauf, wie weit sie gekommen sind. Obwohl sie viele Fortschritte gemacht haben, haben sie aber noch einen weiten Weg vor sich, bis sie das Wesen des unbewussten Geistes verstehen. Diese Aussage habe ich in einem Psychologiebuch gelesen.

Tatsache ist, dass ihr euch an Vorstellungen klammert, die ihr für gut haltet. Versucht, ohne Anhaftung zu praktizieren, auch wenn die Lehren eures spirituellen Weges objektiv gut sein mögen.

Manchmal seht ihr extrem gläubige Leute, die auf der Straße religiöse Schriften verteilen. Selbst wenn ihr keine Zeit habt und in Eile seid, halten sie euch auf: »Hier, lesen Sie das.« Sie haben ein so starkes Bedürfnis, ihre Ideen zu verbreiten, dass sie sogar in Einkaufszentren predigen. Das ist zu extrem. Das ist wirklich nicht nötig. Der Geist braucht Zeit, um eine Idee zu verinnerlichen. Wenn ihr wirklich jemandem etwas beibringen wollt, müsst ihr warten, bis die Person so weit ist. Drängt niemandem eine religiöse Idee auf, wenn die Person noch nicht so weit ist, gleichgültig wie sehr ihr selbst daran glaubt. Das wäre, als ob ihr einem Sterbenden ein kostbares Juwel schenken würdet.

Viele Religionen lehren die Bedeutung von allumfassender Liebe. Es ist nur die Frage, wie ihr sie in euch selbst entwickelt. Ihr könnt allumfassende Liebe nicht hervorrufen, indem ihr die Worte rezitiert: »Allumfassende Liebe, allumfassende Liebe, allumfassende Liebe.« Aber wie können wir sie verwirklichen?

Für den Ehrwürdigen Buddha besteht der erste Schritt darin, einen ausgeglichenen Geist gegenüber allen lebenden Wesen hervorzubringen. Bevor ihr universelle Liebe verwirklichen könnt, müsst ihr Gleichmut gegenüber allen Wesen im Universum entwickeln. Darum ist die erste Aufgabe, Gleichmut zu üben. Ihr träumt nur, wenn ihr glaubt, ihr könnt allumfassende Liebe entwickeln, ohne diesen Schritt zu tun.

Auf der anderen Seite seht ihr die allumfassende Liebe vielleicht als eine wunderbare Idee, haltet aber gleichzeitig fanatisch an der Religion fest, die ihr angenommen habt. Ihr habt die fixe Idee: »Das ist meine Religion.« Wenn jemand mit einem anderen Glauben kommt, fühlt ihr euch unwohl und geratet in einen inneren Konflikt. Wo ist dann eure allumfassende Liebe?

Obwohl ihr sie für fantastisch haltet, könnt ihr sie nicht manifestieren, weil euer Geist nicht im Gleichgewicht ist. Um allumfassende Liebe zu verwirklichen, müsst ihr erst ein Gefühl des Gleichmuts gegenüber allen Wesen im Universum in eurem Geist entwickeln.

Eine Meditation über Gleichmut

Das ist leichter gesagt, als getan, deshalb sollte ich vielleicht erklären, wie Gleichmut entwickelt wird. Wir schulen uns mit einer Meditation im Sitzen. Visualisiert vor euch eine Person, die euch aufregt, jemanden, den ihr nicht leiden könnt. Visualisiert hinter euch die Person, an der ihr am meisten hängt. Visualisiert um euch herum all die Leute, die euch gleichgültig sind, die weder Freunde, Verwandte noch Feinde sind. Schaut euch dann drei Personen nacheinander an – einen

Freund, einen Feind und einen Fremden – und meditiert. Schaut, wie ihr euch jedem gegenüber fühlt. Wenn ihr den geliebten Freund anschaut, taucht ein Gefühl der Anhaftung auf, und ihr wollt in diese Richtung gehen. Wenn ihr die Person anschaut, die euch weh tut und euch nervt, wollt ihr euch abwenden, ihr lehnt diese Person ab.

Das ist eine ganz einfache Methode, um herauszufinden, was ihr gegenüber verschiedenen Leuten empfindet. Es ist nicht kompliziert. Visualisiert diese Leute einfach und betrachtet, wie ihr euch fühlt. Dann fragt euch: »Warum empfinde ich unterschiedliche Dinge bei unterschiedlichen Leuten? Warum will ich der Person, die ich mag, helfen, und der, die ich hasse, nicht?« Wenn ihr ehrlich seid, merkt ihr, dass eure Antwort die vollkommen übertriebene Reaktion eines verwirrten Geistes ist.

Das bedeutet, dass ihr die vergängliche Natur menschlicher Beziehungen nicht wirklich versteht. Wer die wirkliche, die wahre Natur des menschlichen Geistes kennt, versteht, dass Beziehungen total wechselhaft sind, und dass es so etwas wie eine dauerhafte Beziehung gar nicht gibt. Sie ist nicht möglich, auch wenn ihr sie euch wünscht. Schaut euch die ganze Geschichte des Lebens auf der Erde an, von Anfang an bis jetzt: Wo gibt es da eine dauerhafte Beziehung? Sie müsste ja immer noch da sein. Sie ist nicht da, weil es so etwas überhaupt nicht gibt.

Außerdem zeugt eure Einschätzung anderer Leute als Freunde, Feinde oder Fremde von tiefem Unverständnis. Zudem basiert sie auf vollkommen unlogischen Begründungen. Eure Gefühle von: »Ich mag ihn, und sie mag ich nicht«, sind vollkommen unlogisch, gleichgültig, wie ihr sie begründet. Sie haben überhaupt nichts mit der wahren Natur des Subjekts oder Objekts zu tun.

Wenn ihr Leute auf diese Art beurteilt, seid ihr wie jemand, bei dem zwei Verdurstende an der Tür stehen und um Wasser bitten, und der dann willkürlich einen aussucht: »Du da, komm bitte rein«, und der den anderen abweist: »Du da, geh weg.« Ihr seid genauso. Wenn ihr euer Verhalten beobachtet und mit Weisheitswissen unter die Lupe nehmt, merkt ihr, dass eure Urteile über Gut und Schlecht nur eurer Selbstsucht, eurer eigenen Freude dient, nicht der von anderen.

Prüft das nach. Visualisiert alle lebenden Wesen des Universums um euch herum. Versteht, dass, genau wie ihr, alle glücklich und nicht unglücklich sein wollen. Deshalb gibt es keinen Grund, emotional zwischen Freund und Feind zu unterscheiden, und dem Freund mit extremer Anhaftung helfen und den streitsüchtigen unbequemen Feind mit extremer Ablehnung fallen lassen zu wollen. Diese Art von Geisteshaltung ist völlig unrealistisch, weil sich Beziehungen mit dem Auf und Ab des unzufriedenen Geistes sowieso verändern.

Wenn ihr aber auf jemanden wütend sein wollt, solltet ihr euch über seinen verwirrten Geist, nicht über seinen Körper aufregen. Sein Geist ist außer Kontrolle, er hat keine Wahl. Wenn er euch angreift, wird er von unkontrollierter Anhaftung oder Wut angetrieben. Darauf könnt ihr wütend sein.

Wenn euch jemand mit dem Auto anfährt, werdet ihr nicht auf das Auto wütend, nicht wahr? Ihr seid auf den Fahrer wütend. Das ist genau dasselbe. Der innere Fahrer ist der unzufriedene Geist der Person, nicht die Symptome, die er zeigt oder seine Emotionen. Deshalb solltet ihr nicht auf euren Feind, sondern auf seine Verwirrung zornig sein. Was eine Person sagt oder tut ist einfach ein Symptom für das, was in ihrem Geist vor sich geht.

Das ist jedenfalls der Ansatz, um Gleichmut zu entwickeln. Je mehr ihr das übt, umso eher merkt ihr, dass es in Wirklichkeit keinen Grund gibt, fühlende Wesen auf der Basis der Extreme von Anhaftung und Hass in Freund, Feind oder Fremde einzuteilen. Nur ein ungesunder Geist macht das. Wenn ihr dann die Erfahrung von Gleichmut macht, werdet ihr euch wundern, wie das eure Ansicht von eurem Feind verändert. Die Person, die euch aufgeregt und gestört hat, scheint nun völlig anders zu sein – nicht, weil sie sich verändert hat, sondern weil euer Geist sich verändert hat. Eure Wahrnehmung hat sich verändert. Das ist kein Märchen, es ist die Realität.

Wenn eure Haltung sich verändert, verändert sich auch eure Sinneswahrnehmung. Wenn euer Geist verschwommen ist, erscheint die Welt um euch herum verschwommen. Wenn euer Geist klar ist, erscheint die Welt um euch herum schön. Ihr kennt das aus eigener Erfahrung. Wie ihr die Welt seht, hat mit eurem Geist zu tun. Sie ist ein Spiegelbild eures Geistes. Es gibt keine einzige immerwährende, perfekt gute Sache in der Welt. Wo würdet ihr so etwas finden wollen? Es ist unmöglich.

Ihr müsst eure eigene Psyche kennen. Ihr müsst wissen, wie euer Geist funktioniert, wie ihr fühlende Wesen mit unrealistischen, unlogischen Begründungen in Kategorien einteilt. Dafür braucht ihr Meditation. Um allumfassende Liebe in eurem Geist zu verwirklichen, müsst ihr das Gefühl des Gleichmuts gegenüber allen fühlenden Wesen im Universum entwickeln. Wenn Gleichmut einmal entwickelt ist, braucht ihr euch über universelle Liebe keine Sorgen mehr zu machen, sie kommt von alleine. So funktioniert die menschliche Psyche. Ihr könnt sie nicht erzwingen: »Oh, universelle Liebe. Ich werde du, und du wirst ich.« Was soll das denn sein? Denkt nicht so.

Wenn euer Geist ausgeglichen ist und ihr das Gleiche für alle lebenden Wesen empfindet, seid ihr automatisch glücklich. Ihr braucht nicht zu sagen: »Ich brauche Glück.« Ihr seid automatisch friedvoll und glücklich. Außerdem erzeugen Körper und Geist dann eine friedliche Schwingung, die automatisch anderen zugute kommt, jenseits aller Worte. Wohin auch immer ihr geht, ist diese Schwingung in euch da. Es ist aber nicht möglich, diese Ebene ohne Meditation zu erreichen. Ohne Meditation könnt ihr euch weder von spirituellen, noch von materiellen Anhaftungen befreien, geschweige denn allumfassende Liebe erfahren.

Großzügigkeit

Der Weg des Mahayana, den Geist zur Erleuchtung zu führen, ist ein Stufenweg. Wie wir gesehen haben, müssen wir zuerst Gleichmut entwickeln, um allumfassende Liebe zu verwirklichen. Auf dieser

Grundlage entsteht der Geist eines Bodhisattva, der Erleuchtungsgeist, Bodhicitta. Dann ist es unsere Pflicht, die sechs Perfektionen – Großzügigkeit, Ethik, Geduld, Ausdauer, Sammlung und Weisheit – zu verwirklichen.

Alle Religionen betonen die Bedeutung von Großzügigkeit. Aber Buddhas Ansatz unterscheidet sich von den meisten anderen dadurch, dass er hauptsächlich die seelischen, geistigen Aspekte des Gebens erklärt und nicht so sehr an der äußeren Erscheinung interessiert ist. Warum? Weil vollkommene Großzügigkeit nur dann verwirklicht wird, wenn wir unseren Geist von habgieriger Anhaftung befreien. Das ist eine rein geistige Angelegenheit.

Viele Leute sind stolz und arrogant und halten sich für religiös, weil sie viele materielle Dinge herschenken. Das ist sehr oberflächlich. Solche Leute haben keine Ahnung, was Wohltätigkeit wirklich ist, nur eine vage Idee, dass das etwas Gutes ist. Sie wissen nicht wirklich, worum es dabei geht. Es ist extrem schwierig, großzügig wie ein Bodhisattva zu sein, denn das muss ohne jegliche Spur von Habgier geschehen.

Viele Leute geben aus Stolz und mit Anhaftung. Das ist nicht großzügig, das ist einfach egoistisch und im Grunde gar keine Tugend. Wenn Bodhisattvas Großzügigkeit üben – und das gilt für jede der sechs vollkommenen Handlungen – müssen tatsächlich die fünf anderen Vollkommenheiten darin enthalten sein. In anderen Worten muss man Großzügigkeit mit Ethik, Geduld, Ausdauer, Sammlung und Weisheit verbinden und ganz besonders mit Weisheit. Wir brauchen ein umfassendes Verständnis von »der Leerheit der drei Sphären«, der Leerheit des Objektes, das wir geben, der Handlung des Gebens und des Empfängers des Geschenks. Wenn wir etwas geben, ohne das zu verstehen, ist das weder von Nutzen noch vollkommen, und außerdem kann es zu Konflikten führen.

Wenn wir zum Beispiel jemandem heute etwas geben und nicht frei von Anhaftung sind, denken wir vielleicht morgen: »Ach, hätte ich es ihm doch lieber nicht gegeben, jetzt brauche ich es selber.« Diese Art des Gebens hat überhaupt nichts mit Religion zu tun.

Vielleicht sehen wir Leute, die etwas geben und halten sie für wunderbar großzügig, aber wir können nur die äußere Handlung sehen. Wir sehen die innere Motivation nicht, die total verrückt und egoistisch sein kann. Letztlich bestimmt die geistige Haltung der Gebenden, was religiöse Großzügigkeit ist, nicht sein oder ihr äußeres Handeln.

Wenn euer Geben eure störenden negativen Ansichten schwächt und mehr Frieden und Verständnis in euren Geist bringt, ist das religiös. Wenn es nur dazu dient, eure Wahnvorstellungen zu vermehren, solltet ihr es lieber lassen. Wozu etwas tun, was euren sowieso schon aufgeregten Geist noch mehr aufregt? Seid realistisch, ihr müsst wissen, was ihr tut.

Wenn ihr mit Verständnis spirituell praktiziert, ist das wertvoll und effektiv und bringt euch die Resultate, nach denen ihr sucht. Einfach nur Gleichmut gegenüber allen lebenden Wesen zu empfinden, und andere nicht in Freunde, Feinde oder Fremde einzuteilen, kann große Freude und Freiheit von Verunsicherung mit sich bringen.

Wir fühlen uns oft durch andere gestört, aber wir müssen erkennen, dass die Haltung, sie als Feinde zu betrachten, von uns kommt und nicht von ihnen. Niemand wird als Feind geboren, wir erfinden das nur. Auch das ewig Böse gibt es nicht. Der negative Geist, der das Böse nach Außen projiziert, ist das wahre Übel, ein positiver Geist nennt dieselben Dinge gut. Dinge verändern sich andauernd, und das ewig Böse gibt es einfach nicht.

Wenn wir deprimiert sind, glauben wir: »Ich bin schlecht, ich bin negativ, ich bin ein Sünder«, aber das ist vollkommener Unsinn, einfach übertrieben. Wir haben Positives und Negatives in uns, es ist einfach die Frage, was zu einer bestimmten Zeit überwiegt. Das müssen wir überprüfen. Deshalb ist es immer ein Anzeichen für extremes Denken, wenn uns unser Geist in Schwierigkeiten bringt.

Hier kommt Meditation ins Spiel. Meditation heißt, den Geist daraufhin zu untersuchen, was in ihm vor sich geht. Wenn wir sie richtig machen, klären wir den unharmonischen Geist und bringen ihm Frieden. Das ist die Funktion von Meditation, das ist die

Funktion von Religion. Deshalb sollten wir so korrekt wie möglich meditieren.

Wir sollten auf dem spirituellen Weg vermeiden, Vorstellungen hinterherzulaufen. Stattdessen sollten wir den Schlüssel dazu finden, wie wir Vorstellungen in Erfahrung umsetzen können. Wichtiger als die Ideen selbst, ist es, ihre Bedeutung zu entdecken. Zum Beispiel sollten wir nicht Dinge, die anderen gehören, etwa einem Familienmitglied oder Freunden, nehmen und dann Großzügigkeit üben. Ich habe oft gehört, dass junge Leute Dinge an sich nehmen, die ihren Eltern gehören, wie zum Beispiel den Schmuck der Mutter, und sie Bettlern auf der Straße schenken. Das ist seltsam, nicht großzügig. Ich bin schon oft gefragt worden, ob es in Ordnung sei, von den Reichen zu stehlen, um es den Armen zu geben. Auch das ist keine Großzügigkeit.

Allgemein versteht man unter Großzügigkeit, dass wir anderen etwas geben. Wie ihr aber sehen könnt, ist nach buddhistischer Ansicht materielles Geben nicht per se großzügig. Echte Großzügigkeit hat mit dem Geist zu tun, es ist geistiges Geben. Die Praxis des Gebens bedeutet, den Geist so zu schulen, dass er den Geiz besiegt. Geizige Anhaftung ist im Geist, deshalb muss das Gegenmittel auch geistiger Art sein.

Eine andere Sache ist die, dass wir, wenn es ans Geben geht, manchmal extrem sind. Wir prüfen nicht nach, ob der Empfänger das auch braucht, was wir ihm geben. Wir schenken einfach, ohne zu zögern. Manchmal ist das aber gar nicht von Nutzen. In solchen Fällen ist es besser, nichts zu geben. Wenn euer Geschenk Probleme hervorruft, und, statt dem Empfänger zu helfen, ihm nur schadet, ist das nicht großzügig. Ihr glaubt, euer Handeln sei positiv, es ist aber negativ.

Wenn ihr wirklich ganz gründlich untersucht, was wahre Großzügigkeit ist, merkt ihr vermutlich, dass ihr in eurem ganzen Leben nicht ein einziges Mal wirklich großzügig wart. Habt ihr wirklich die Bedürfnisse des Empfängers untersucht? Habt ihr die rechte Motivation entwickelt, bevor ihr gegeben habt? Habt ihr über »die Leerheit der drei Sphären« meditiert? Und wenn ihr mit Stolz gegeben habt, ist es gleichgültig, wie groß euer Geschenk war, es wurde verschwendet, eure Gabe war dann bloß ein Witz.

Wir können also sehen, wie schwer vollkommene Großzügigkeit sein kann. Ich bin da nicht einfach negativ, ich bin bloß realistisch. Wenn ihr mit Verständnis praktiziert, kann das kraftvoll und psychologisch wirkungsvoll sein; es kann tiefe Bedeutung haben und ohne Zweifel die friedvollen Verwirklichungen mit sich bringen, die ihr euch wünscht. Wenn ihr andererseits eure Praxis halbherzig und ohne Verständnis macht, werdet ihr nur depressiv.

Glaubt deshalb nicht, dass Großzügigkeit eine materielle Angelegenheit ist, sie ist etwas Geistiges. Großzügigkeit lenkt den Geist von geiziger Anhaftung ab und befreit ihn davon. Das ist fantastisch. Das ist Meditation, ein Geisteszustand, und er ist sehr wirkungsvoll.

Ihr solltet auch keine Dinge schenken, die anderen schaden. Zum Beispiel solltet ihr nicht für Kriege spenden. Ihr werdet vielleicht manchmal gebeten, Leuten Geld zu geben, die im Namen der Religion kämpfen, aber wie kann es spirituell sein, einen Krieg zu unterstützen? Das ist nicht möglich. Ihr müsst genau prüfen, damit eure Gabe keinen Schaden anrichtet.

Es ist extrem schwierig, Dharma so zu praktizieren, dass es eure Verblendungen reduziert, aber wenn ihr das schafft, lohnt es sich; es rüttelt euer kleines Ich so richtig wach. Sogar ein kleiner Akt der Großzügigkeit aus der Motivation heraus, immerwährende friedvolle Erleuchtung zu erlangen, kann unglaublich wirkungsvoll sein und eure Anhaftung wirklich erschüttern.

Es gibt drei Arten von Großzügigkeit: materielle Dinge schenken, Weisheitswissen schenken und anderen bei Gefahr helfen. Je nach euren Möglichkeiten solltet ihr diese Dinge mit so viel Verständnis wie möglich tun. Das letztendliche Ziel von Wohltätigkeit ist vollkommene Erleuchtung. Deshalb solltet ihr eure großzügigen Handlungen diesem Ziel widmen. Das tun wir aber nicht, nicht wahr? Wenn jemand friert, werfen wir ihm eine Decke hin: »Warm genug? In Ordnung, gut«, und belassen es dabei. Wenn jemand Durst hat, geben wir ihm etwas zu trinken: »Ist der Durst weg? In Ordnung, gut«, und damit hat sich die Sache. Unsere Ziele sind so kurzfristig und kurzsichtig, dass unser Geben nur zu einem weiteren Trip wird. Unser Verständnis von Großzügigkeit ist zu oberflächlich. Wir sollten anderen bei ihren momentanen Bedürfnissen helfen, weil wir verstehen, dass sie einen gesunden Körper und Geist brauchen, um Erleuchtung zu erlangen. Und um ihre Dharma-Praxis zu unterstützen, widmen wir unsere Verdienste der Erleuchtung aller fühlenden Wesen. Ich bin da nicht einfach bloß negativ, ich rede davon, wie wir sind.

Ich bin völlig sicher, dass ihr immerwährende, friedvolle Erleuchtung erlangen könnt, wenn ihr richtig meditiert. Und ganz abgesehen von der Erleuchtung: Wenn ihr heute gut meditiert, fühlt ihr euch morgen friedlicher. Wenn ihr morgens richtig meditiert, verläuft euer ganzer Tag reibungsloser. Dass das wahr ist, könnt ihr leicht selbst sehen. Durch Meditation Erleuchtung zu erlangen, die sechs Vollkommenheiten zu praktizieren und auf den zehn Ebenen des Bodhisattvas fortzuschreiten ist ein gradueller Prozess.

Wenn wir erleuchtet sind, fühlen wir uns nicht mehr voreingenommen. Wenn jemand wütend auf den rechten Arm des Ehrwürdigen Buddha mit einem Messer einsticht und jemand anderes liebevoll den linken mit duftendem Öl massiert, würde er nicht für den einen Hass empfinden und für den anderen Begierde. Er würde die gleiche Liebe für beide fühlen, denn die Liebe eines erleuchteten Wesens ist allumfassend und vollkommen unvoreingenommen.

Unsere Liebe jedoch ist total egoistisch. Wir hängen an Leuten, die nett zu uns sind, und mögen die nicht, die uns schlecht behandeln. Unser Geist ist extrem unausgeglichen.

Meine Schlussfolgerung ist, dass wir an gar nichts hängen sollten, nicht einmal an Religion, geschweige denn an materiellen Dingen. Wir sollten auf unserem spirituellen Pfad so üben, dass wir verstehen, worum es dabei geht, und in welchem Bezug er zu uns als Individuen steht. Auf diesem Weg entdecken wir allumfassende Liebe, ohne unsicher und voreingenommen zu werden und zu denken: »Ich bin Buddhist. Ich bin Christ. Ich bin Hindu«, was auch immer. Es ist ganz gleichgültig, was wir sind. Wir müssen alle den eigenen Weg finden, der zu uns passt.

Manche Leute mögen Reis, andere mögen Kartoffeln, wieder andere etwas anderes. Soll doch jeder essen, was er mag, was auch immer seinen Körper zufriedenstellt. Ihr könnt nicht sagen: »Ich mag keinen Reis, deshalb soll niemand Reis essen.« Bei der Religion ist es genauso. Wenn ihr das versteht, habt ihr nie mehr etwas gegen irgendeine Religion.

Unterschiedliche Leute brauchen unterschiedliche Wege. Lasst sie machen, was sie machen müssen. Aber unglücklicherweise ist unser beschränkter Geist einfach nicht entspannt genug. Wir denken: »Meine Religion ist der beste und einzige Weg. Alle anderen sind verkehrt.« Wenn wir an solch eingefahrenen Vorurteilen festhalten, zeigt das, dass wir krank sind. Und daran sind nicht die Religionen Schuld, sondern deren Anhänger. Lernt deshalb, euren Weg zu verstehen, wenn ihr geistig gesund bleiben wollt, und handelt korrekt. Dann kommen die Verwirklichungen von selbst.

Bevor ich jetzt zum Ende komme, möchte ich noch eine Sache klarstellen. Ich kritisiere niemanden, ich setze niemandes Praxis herab. Aber heutzutage wachsen die meisten von uns in einer Gesellschaft auf, die nicht viel Gelegenheit bietet, eine Religion ernsthaft zu studieren und zu praktizieren. Deshalb ist es wichtig, dass ihr es richtig anpackt, wenn ihr Dharma praktiziert, und eure Praxis nicht zu einem weiteren weltlichen Zeitvertreib macht. Die moderne Welt hält die materielle Entwicklung für enorm wichtig und gibt nicht viel auf die Entwicklung eines friedvollen Geistes. Wenn euch jemand fragt: »Meinst du, es ist wichtig, sich mit spirituellen Dingen zu beschäftigen?«, sagt ihr schnell: »Ja, aber …« Es ist immer ein: »Aber, aber, aber …« mit dabei. Das zeigt, wie wir wirklich sind.

Fragen

Frage: Wenn es keine Mönche an dem Ort gibt, wo wir leben, ist das die Folge von schlechtem Karma?
Lama: Das glaube ich nicht. Das hieße, es wäre schlechtes Karma, wenn man kein Mönch ist. Das ist aber nicht so. Du musst weder Mönch noch Nonne sein, um etwas zu verstehen. Man kann nicht sagen, Menschen in Roben seien etwas Besseres als Menschen, die keine Roben tragen. So kann man das nicht sagen. Das hängt völlig vom Einzelnen ab. Man könnte sagen, es sei individuell schlechtes Karma, wenn du dich in einer Situation befindest, in der du deinen eigenen Geist und deine Einstellungen nicht verstehst und nicht weißt, wie du wahren inneren Frieden und Zufriedenheit entdecken kannst.

Frage: Lama, woher wissen wir, wenn wir meditieren, dass der Denkende mit dem Gedanken identisch ist, dass der Denkende der Gedanke ist, dass der Denkende nicht vom Gedanken getrennt ist?
Lama: Relativ gesehen ist der Denkende nicht identisch mit dem Gedanken. Der Denkende ist nur eine »Bezeichnung« und gleichzeitig ist der Gedanke eine »Funktion«. Aber wenn du während einer Meditation vollkommen mit dem Gedanken verschmelzen kannst, ist das eine gute Erfahrung. Vom Standpunkt der relativen Wahrheit und der naturwissenschaftlichen Erkenntnisse aus sind die Person und der Gedanke nicht identisch. Du bist kein Gedanke. Selbst wenn du dich in der Meditation vollkommen eins fühlst mit deinem Gedanken, bist du trotzdem nicht dasselbe wie dein Gedanke. Obwohl sie auf der absoluten Ebene eine Einheit bilden, gibt es relativ gesehen einen Unterschied. Wenn du dich während einer Meditation vollkommen eins fühlen kannst mit allen Phänomenen im Universum, wenn dein Körper sich wie ein einzelnes Atom anfühlt und dein Wesen eins ist mit der Energie des gesamten Universums, dann ist das eine gute Erfahrung.

Wenn ihr euch auf eine Sache konzentrieren wollt und andere Gedanken auftauchen, dann versucht zu denken: »Ihr seid willkommen«, statt sie abzulehnen. Untersucht sie mit durchdringendem Weisheitswissen und schaut in das Wesen eurer Gedanken. Gedanken sind albern, und wenn ihr sie anschaut, verschwinden sie. Sie machen bloß Spaß, und wenn ihr sie anschaut, lösen sie sich auf. Bislang habt ihr versucht, sie wegzuschieben, und umso mehr kamen sie auf euch zu. Versucht, sie willkommen zu heißen.

Eure Gedanken zu beobachten ist viel interessanter als Fernsehen. Fernsehen ist langweilig. Es immer wieder dasselbe alte Zeug. Wenn ihr euren Geist beobachtet, erscheinen unglaublich viele verschiedene Dinge. Ihr habt eine erstaunliche Sammlung von Erinnerungen, sogar nach all diesen Jahren kommen Kindheitserinnerungen an die Oberfläche. Fernsehen ist nie so interessant.

Wenn ihr versteht, wie euer Geist funktioniert, ist das der Anfang der Selbstbeherrschung. Ihr regt euch nicht mehr auf, wenn Gedanken auftauchen. Psychologisch gesehen wisst ihr, was sie bedeuten. Wer keine Ahnung davon hat, was Geist ist und wie er funktioniert, ist schockiert, wenn der unbewusste Geist sich plötzlich auf der bewussten Ebene manifestiert: »Oh, was ist das denn?« Wenn ihr euren Geist versteht und das, was darin los ist, rechnet ihr damit, dass diese Dinge geschehen. Ihr versteht die Natur eures Geistes und habt eine Lösung parat für seine dunkle Seite. Wenn ihr glaubt, ihr wärt vollkommen rein und dann plötzlich etwas Hässliches im Geist auftaucht, flippt ihr total aus. Ihr müsst aber auch verstehen, dass ihr nicht nur negativ seid. Euer Geist hat sowohl positive als auch negative Seiten. Aber alles ist relativ, Dinge kommen und gehen wie die Wolken am Himmel. Doch unter alledem bleibt eure wirkliche, wahre Natur vollkommen rein wie der Himmel selbst. Mensch sein bedeutet, Kraft zu besitzen. Wir haben die Möglichkeit, große Dinge zu tun, weil unsere grundlegende Natur positiv ist.

Ich danke euch sehr. Danke.

Chinesische Buddhistische Gesellschaft, Sydney, 24. April 1975

Danksagung des Herausgebers

Wir vom LAMA YESHE WISDOM ARCHIVE sind unseren Freunden und Unterstützern überaus dankbar, dass wir durch ihren Beitrag die Bücher von Lama Yeshe herausbringen und wieder auflegen konnten.

Wenn Sie, lieber Leser, sich zu dieser edlen Gruppe von offenherzigen und selbstlosen Menschen gesellen wollen, wenn Sie die Produktion weiterer Gratisveröffentlichungen von Lama Yeshe oder Lama Zopa Rinpoche oder irgendeinen anderen Aspekt der Arbeit des LAMA YESHE WISDOM ARCHIVE unterstützen möchten, nehmen Sie bitte mit uns Kontakt auf.

Dr. Nicholas Ribush
2004

Widmung

Durch das Verdienst, zur Verbreitung der Lehren Buddhas beizutragen, die dem Wohle aller Wesen dienen, mögen unsere Wohltäter sowie deren Familien und Freunde ein langes und gesundes Leben haben und alles erdenkliche Glück erfahren. Mögen alle ihre Dharma-Wünsche sofort in Erfüllung gehen.

Glossar

(skt = Sanskrit; tib = tibetisch)

Acht weltliche Dharmas: Die acht weltlichen Interessen – Anhäufen von Gewinn, Ruhm, Lob und Vergnügungen sowie Vermeiden von Verlust, Schande, Kritik und Schmerz.

Bodhicitta (skt): Der altruistische Entschluss, Erleuchtung zu erlangen, um dann alle anderen Lebewesen zur Erleuchtung zu führen.

Bodhisattva (skt): Eine Person, deren spirituelle Praxis auf das Erlangen der Erleuchtung zum Wohle aller Lebewesen abzielt. Jemand, der die mitfühlende Bodhicitta-Motivation besitzt und dem Mahayana-Pfad zur Erleuchtung folgt, auf dem er zehn Stufen durchschreitet.

Buddha (skt): Ein vollständig erleuchtetes Wesen. Jemand, der alle Geistesschleier beseitigt und alle guten Qualitäten vollendet hat. Das erste der Drei Juwelen der Zuflucht. Siehe auch *Erleuchtung, Shakyamuni Buddha.*

Daseinskreislauf (skt: samsara; tib: khor-wa): Die sechs Bereiche des bedingten Daseins, drei niedere – Hölle, Bereich der Hungergeister *(skt: preta)* und Tierbereich – und drei höhere – die Bereiche der Menschen, Halbgötter *(skt: asura)* und Götter *(skt: sura).* Der anfanglose, leidhafte Kreislauf von Tod und Wiedergeburt unter der Herrschaft von Verblendung und Karma. Dharma (skt): Spirituelle Lehren, besonders jene von Shakyamuni Buddha; wörtlich: das, was einen vor Leid schützt. Zweites der Drei Juwelen der Zuflucht.

Drei Hauptaspekte des Pfades: Die drei Grund-Unterteilungen im Lamrim: Entsagung, Bodhicitta und rechte Sicht.

Drei niedere Bereiche: Die drei leidvollsten Bereiche im Daseinskreislauf – Tierbereich, Bereich der Hungergeister *(skt: preta)* und Hölle.

Dualistische Sicht: Die unwissende Sicht, bezeichnend für den nichterleuchteten Geist, die alle Dinge fälschlicherweise so wahrnimmt, als hätten sie eine konkrete Selbst-Existenz. Bei dieser Sichtweise wird die Erscheinung des Objekts mit der falschen Vorstellung vermischt, es sei unabhängig oder selbst-existent, was zu weiteren dualistischen Anschauungen führt, die Subjekt und Objekt, selbst und andere, dies und das betreffen.

Ego-Geist: Die falsche Vorstellung: »Ich bin selbst-existent.« Unkenntnis der Natur des Geistes und des Selbst.

Einbildung (tib: nam-tog): Eine falsche Vorstellung von der Wirklichkeit.

Erleuchtung (skt: bodhi): Vollständiges Erwachen; Buddhaschaft. Das letztendliche Ziel der buddhistischen Praxis, das erreicht wird, wenn alle Begrenzungen des Geistes überwunden sind und das eigene positive Potenzial vollständig und vollkommen verwirklicht wurde.

Geist (skt: citta; tib: sem): Gleichzusetzen mit Bewusstsein *(skt: vijana; tib: nam-she)*. Definiert als das, was »klar und erkennend« ist; etwas Formloses, welches die Fähigkeit besitzt, Objekte wahrzunehmen. Geist wird in sechs Hauptbewusstseinsarten und einundfünfzig Geistesfaktoren unterteilt.

Gelug / Kagyu / Sakya / Nyingma: Die vier Hauptschulen des Tibetischen Buddhismus. Lama Yeshe gehörte der Gelug-Schule an.

Geshe: Ein Mönch, der eine klösterliche Ausbildung in buddhistischer Philosophie und Debatte abgeschlossen und alle Prüfungen bestanden hat und mit diesem akademischen Titel ausgezeichnet wurde.

Halluzination: Wenn Lama Yeshe dieses Wort gebraucht, geht es nicht um eine chemisch- oder krankheitsbedingte Halluzination, sondern um täuschende Projektionen des unwissenden Geistes. Siehe *Einbildung*.

Hinayana (skt): Wörtlich: Kleines Fahrzeug; eine der beiden Grund-

Unterteilungen des Buddhismus. Hinayana-Praktizierende folgen dem Dharma-Pfad hauptsächlich deshalb, weil sie einen starken Wunsch nach persönlicher Befreiung aus dem Daseinskreislauf haben. Man unterscheidet zwei Arten von Hinayana-Praktizierenden: Hörer und Alleinverwirklicher. Vgl. *Mahayana.*

Kalpa (skt): Äon; eine Zeitspanne, die Shakyamuni Buddha zufolge länger ist als die Zeit, die man benötigen würde, um einen massiven Granitblock abzutragen, indem man ihn mit einem Stück feiner Seide einmal alle hundert Jahre leicht streichelt.

Lamrim (skt): Der Stufenweg. Eine Darstellung der Lehren Buddha Shakyamunis in einer Form, die für die schrittweise Übung eines Schülers besonders geeignet ist. Der Lamrim wurde erstmals vom großen indischen Lehrer Atisha (Dipamkara Shrijnana, 982-1055) formuliert, als er 1042 nach Indien kam. Siehe auch *Drei Hauptaspekte des Pfades.*

Mahayana (skt): Wörtlich: Großes Fahrzeug; eine der beiden Grund-Unterteilungen des Buddhismus. Mahayana-Praktizierende folgen dem Dharma-Pfad hauptsächlich, weil sie sich wünschen, dass alle Lebewesen aus dem Daseinskreislauf befreit werden und die vollkommene Erleuchtung oder Buddhaschaft erreichen. Das Mahayana hat zwei Unterteilungen: Paramitayana (Sutrayanan) und Vajrayana (Tantrayana, Mantrayana). Vgl. *Hinayana.*

Sangha (skt): Spirituelle Gemeinschaft; das dritte der Drei Juwelen der Zuflucht. Absolute Sangha sind jene, die die Leerheit direkt verwirklicht haben; Mönche und Nonnen sind relative Sangha.

Sechs Vollkommenheiten (skt: paramitas): Freigebigkeit, Ethik, Geduld, freudige Tatkraft, Konzentration und Weisheit.

Shakyamuni Buddha (563-483 v. Chr.): Vierter der eintausend Gründerbuddhas dieses gegenwärtigen Weltzeitalters. Geboren als Siddharta Gotama, ein Prinz des Shakya-Klans, in Nordindien, lehrte er die Sutra- und Tantra-Pfade zur Befreiung und Erleuchtung; Begründer der Lehre, die als Buddhismus bekannt wurde.

Shunyata (skt): Leerheit. Die Abwesenheit aller falschen Vorstellungen darüber, wie die Dinge existieren; speziell die Abwesenheit der fälschlich wahrgenommenen unabhängigen Selbst-Existenz der Phänomene.

Vier Edle Wahrheiten: Die Wahrheiten des Leids, der Leidensursachen, der Beendigung des Leids und des Pfads zur Beendigung des Leids; das Thema der ersten Drehung des Dharmarades; die erste Belehrung des Buddha.

Yana (skt): Wörtlich: Fahrzeug. Ein inneres Fahrzeug, das uns auf dem spirituellen Pfad zur Erleuchtung trägt. Der Buddhismus hat zwei Hauptfahrzeuge: *Hinayana* und *Mahayana.*

Zuflucht: Die Tür zum Dharma-Pfad. Ein Buddhist nimmt Zuflucht zu den Drei Juwelen, weil er die Leiden von Samsara fürchtet und Vertrauen hat, dass Buddha, Dharma und Sangha die Kraft besitzen, ihn aus dem Leid hin zu Glück, Befreiung oder Erleuchtung zu führen.

Der Diamant Verlag

ist Mitglied in der Gesellschaft zur Erhaltung der Mahayana-Tradition (FPMT), einem Zusammenschluss von etwa 140 Meditations-, Studien- und Klausurzentren rund um den Erdball, die unter der Leitung von Lama Thubten Zopa Rinpoche stehen.

Falls Sie Interesse an den Lehren von Lama Thubten Yeshe und Lama Thubten Zopa Rinpoche haben, können Sie sich an eines der FPMT-Zentren wenden. Deutschsprachige Kurse gibt es in folgenden Zentren:

Aryatara Institut
Barerstr. 70/Rgb.
D-80799 München
www.aryatara.de

Longku Zopa Gyu Zentrum
Zentrum für Buddhismus
Reiterstr. 2
CH-3013 Bern
www.zentrumfuerbuddhismus.ch/fpmt

Meditationshaus Kushi Ling
CP 118
Laghel 19
I-38062 Arco/Tn.
www.kushi-ling.com

Panchen Losang Chogyen Zentrum
Naafgasse 18
A-1180 Wien
www.fpmt-plc.at

Informationen über die weltweite Organisation:
www.fpmt-europe.org
www.fpmt.org

Informationen zum *Lama Yeshe Wisdom Archive:*
www.LamaYeshe.com

Weitere Titel aus dem Verlagsprogramm

Berzin Alexander, *Den Alltag meistern wie ein Buddha*
Chodron Thubten, *Tara die Befreierin*
Dalai Lama, *Der Stufenweg zu Klarheit, Güte und Weisheit*
Dalai Lama, *Die Lampe auf dem Weg*
Dalai Lama, *Ein menschlicher Weg zum Weltfrieden*
Dalai Lama, *Mögen alle Wesen glücklich sein*
Gen Lamrimpa, *Kalachakra. Die drei Zyklen der Zeit*
Geshe Thubten Ngawang, *Mit allem verbunden*
Geshe Yeshe Tobden, *Der Weg des sanften Kriegers*
Kensur Jampa Tegchok, *Leerheit und Abhängiges Entstehen*
Khunu Lama Tenzin Gyaltsen, *Allen Freund sein*
Ladner Lorne, *Die verlorene Kunst des Mitgefühls*
Lama Yeshe, *Allumfassende Liebe*
Lama Yeshe, *Der Buddha des Mitgefühls*
Lama Yeshe, *Die Grüne Tara. Weibliche Weisheit*
Lama Yeshe, *Grenzenlos ist die Kraft des Geistes*
Lama Yeshe, *Inneres Feuer*
Lama Yeshe, Lama Zopa u. a.,
Heilung. Tibetische Lehren und Übungen
Lama Yeshe, *Vajrasattva.*
Heilung und Transformation im tibetischen Tantra
Lama Yeshe, *Wege zur Glückseligkeit. Einführung in Tantra*
Lama Zopa Rinpoche, *Herzensrat eines tibetischen Meisters*
Lama Zopa Rinpoche, *Lieber Lama Zopa*
Lama Zopa Rinpoche, *Probleme umwandeln*
Lama Zopa Rinpoche, *Mitgefühl, Heilkraft für Geist und Körper*
Landaw John, Weber Andy,
Bilder des Erwachens. Tibetische Kunst als innere Erfahrung

Landaw Jonathan, *Prinz Siddharta. Das Leben des Buddha*
Mackenzie Vicki,
Die Wiedergeburt. Ein tibetischer Lama kehrt zurück
Mackenzie Vicki, *Im Westen wiedergeboren*
McDonald Kathleen,
Wege zur Meditation. Eine praktische Anleitung
Pabongka Rinpoche, *Befreiung in unseren Händen, Band 1*
Pabongka Rinpoche, *Befreiung in unseren Händen, Band 2*
Schweiberer Birgit (Hrsg.), *Sutra vom Goldenen Licht*
Tsongkhapa, *Der mittlere Stufenweg*

Auslieferung:
Herold Verlagsauslieferung
Raiffeisenallee 10
82041 Oberhaching/München